Holger Schumacher

Panorama des Unbewussten

Die Schicksalsanalyse in Filmproduktion, Filmrezeption und Filminterpretation

Schwabe Verlag

Für die freundliche Genehmigung zum Abdruck der Bilder und Grafiken danken wir:

Brigitte Burgmer
Gil Ribeiro
Adrian Saidi
Sixpackfilm
Stiftungsrat Szondi-Institut

Bibliografische Information der Deutschen Nationalbibliothek
Die Deutsche Nationalbibliothek verzeichnet diese Publikation in der Deutschen Nationalbibliografie; detaillierte bibliografische Daten sind im Internet über http://dnb.dnb.de abrufbar.

© 2021 Schwabe Verlag Berlin GmbH
Dieses Werk ist urheberrechtlich geschützt. Das Werk einschließlich seiner Teile darf ohne schriftliche Genehmigung des Verlages in keiner Form reproduziert oder elektronisch verarbeitet, vervielfältigt, zugänglich gemacht oder verbreitet werden.
Abbildung Umschlag: Filmstill aus IN SIEBEN TAGEN (© Holger Schumacher)
Korrektorat: Dore Wilken, Freiburg i. Br.
Cover: icona basel gmbh, Basel
Layout: icona basel gmbh, Basel
Satz: 3w+p, Rimpar
Druck: CPI books GmbH, Leck
Printed in Germany
ISBN Printausgabe 978-3-7574-0076-7
ISBN eBook (PDF) 978-3-7574-0083-5
DOI 10.31267/978-3-7574-0083-5
Das eBook ist seitenidentisch mit der gedruckten Ausgabe und erlaubt Volltextsuche. Zudem sind Inhaltsverzeichnis und Überschriften verlinkt.

rights@schwabeverlag.de
www.schwabeverlag.de

Inhalt

Geleitwort 7
Was kann die Schicksalsanalyse zum Verstehen der Filmkunst
beitragen? 7

Vorwort 11

1 Ouvertüre: Die Schicksalsanalyse als Kulturtheorie 13

2 Aufblende: Das Filmerleben 23
2.1 Eine gute Projektion! 24
2.2 Rückblende: Das Kino als Kunstform 28
2.3 Film und Traum 37
2.4 Film und Realität 43

3 Panoramashot: Das Kino als Kulturforschung 49
3.1 Festlegen, auflösen, neufügen 54
3.2 Kultur als kollektives Erwachsenwerden 56
3.3 Schritte der filmischen Kulturanalyse 61

4 Nahaufnahme: Die Filmdeutung 65
4.1 Das familiäre Unbewusste 67
4.2 Das Ich 74
4.3 Kontakt 81

4.4	Gefühle	87
4.5	Körper und Sexualität	96

5 Alles auf Anfang: Die Filmproduktion ... 105

5.1	Schauspiel	106
5.2	Drehbucharbeit	114

Abblende: Ein Epilog als Prolog ... 129

Literaturverzeichnis ... 133

Abbildungsverzeichnis ... 143

Register ... 145

Filmregister ... 145

Personenregister ... 148

Sachregister ... 152

Geleitwort

Was kann die Schicksalsanalyse zum Verstehen der Filmkunst beitragen?

Der Autor zitiert *Arsen und Spitzenhäubchen*, um zu zeigen, wie das von der Schicksalsanalyse entdeckte familiäre Unbewusste als Hinter- und Untergrund einer Verfilmung wirkt. Damit hat er ins Schwarze getroffen, denn der Film ist ein schicksalsanalytisches Meisterstück. Die Hauptperson, Mortimer Brewster, von Beruf Theaterkritiker, entdeckt Leichen im Haus seiner Tanten. Hier sind wir beim Brennpunkt der Geschichte: Die Familie Brewster ist eine kollektive Triebstörung. Die Tanten morden als Freizeitbeschäftigung und befriedigen so ihren Drang zur Vernichtung.

Für die Schicksalsanalyse ist dieses «Triebbedürfnis» ein Erbe, denn Triebe und ihre Strukturen der Bedürfnisbefriedigung – auch der amoralischen – sind seit Kain und Abel genetisch fixiert. Das menschliche Triebsystem gehört zum Stabilsten der biologischen, psychischen und mentalen Ausrüstung des Menschen. Die Geschichte des menschlichen Seins zeigt eine unerhörte Konstanz der Triebe, der Triebbefriedigungen und der Irrungen und Wirrungen beim Ausleben von Trieben. Das ererbte Triebleben ist ein weites Feld. Für *Arsen und Spitzenhäubchen* bedeutet das: Die Tanten morden nicht in einem Anfall individuell erworbener psychischer Störungen, sondern sie leben uralte Triebbegierden des Vernichtens und des Tötens aus, wie sie in jedem von uns vorhanden sind.

Die Tanten selbst rechtfertigen ihr Tun als Mitleid. Sie wollen ihre betagten Opfer «Gott näherbringen». Tatsache ist aber: Die erbliche Mordlust kann im Auftauchen aus dem familiären Unbewussten nicht mehr in Symptomen und Ersatzhandlungen sublimiert werden, sondern sie drängt zur Tat. Das von den Tanten angeführte Motiv ist, schicksalsanalytisch gesehen, lediglich eine dünne Folie der Selbstbeschwichtigung und gesellschaftlichen Rechtfertigung. Teddy, der an Größenwahn leidende Bruder Mortimers, hält sich für Präsident Roosevelt, und der andere, als verschollen bezeichnete Bruder Jonathan, ist ein polizeilich gesuchter Serienmörder. In sämtlichen Schicksalen wird ein Allmachtwahn gelebt. Leben wird vernichtet: Ein Präsident führt Krieg und Serienmörder legen selbst Hand an.

Noch ein interessantes Detail der Filmgeschichte: Mortimer hat erst vor wenigen Stunden geheiratet, als er eine Leiche im Haus der Tanten entdeckt. Seine junge Frau ist die Tochter eines Pfarrers. Schicksalsanalytisch betrachtet, ist diese Wahl einer Partnerin aus dem religiösen Milieu der unbewusste Versuch, sich der mörderischen Kollektivschuld der Familie – denn eine solche liegt zweifellos vor – zu entziehen und wie auch immer Sühne zu leisten. Gegen Ende des Films erfährt Mortimer, dass er als Kind adoptiert wurde und daher nicht fürchten müsse, den Wahnsinn seiner Angehörigen geerbt zu haben. Scheinbar kann er nun beruhigt mit seiner Frau auf die Hochzeitsreise gehen. Irrtum, lieber Mortimer: Deine Adoptiveltern haben sich nämlich bei deiner Wahl zum Adoptivkind – schicksalsanalytisch – unbewusst von ihrer Genaffinität zwischen ihnen und dir leiten lassen. Du weist eine sehr ähnliche Triebdisposition auf wie deine Tanten, nur sublimierter gelebt, denn vorläufig «tötest» du als Theaterkritiker lediglich AutorInnen und ihre Stücke.

Leopold Szondi, der Begründer der Schicksalsanalyse, hat den Begriff des «Tintenfass-Kains» geprägt: «Das sind Kritiker und Rezensenten, die hinter dem sicheren Schutzwall einer Zeitungs- oder Zeitschriftenredaktion [...] die Werke ihrer Fachkollegen buchstäblich an-schwärzen». In der Schicksalsanalyse steht «Kain» sinnbildlich für böse Handlungen, Vernichtungswut, Zerstörungslust und Missgunst. Der Film zeigt exemplarisch den Erb- und Wiederholungszwang, der die prüfenden und steuernden Funktionen im ICH-Trieb durch Größenwahn – eine das ICH aufblähende Triebgier – ersetzt. Die Mordopfer «Gott näherzubringen», Präsident Roosevelt zu sein oder sich als Serienmörder zum Entscheider über Leben und Tod zu machen, das ist ein sich selbst bis zum Wahn überhöhendes ICH.

Dem Autor ist es überzeugend gelungen, die Konzepte der Schicksalsanalyse als psychologische Grundstruktur der Kunstform Film in zahlreichen Beispielen musterhaft herauszuarbeiten. Er öffnet damit dem Film die Dimension eines schicksalsanalytischen Plots. Dieser Plot vereinigt die unbewussten Ahnenzwänge aller am Film Beteiligten: Drehbuchautor, Regisseur,

Schauspieler, technisches und administratives Personal – sie alle fügen während der Produktionszeit Puzzles ihres Unbewussten zur Cloud eines gemeinsamen Unbewussten auf dem Set zusammen. Dabei entsteht so etwas wie eine temporäre Familie. Nach den Dreharbeiten und dem Anlaufen des Films in den Kinos findet für alle Beteiligten – je nach der Intensität des individuellen Engagements – eine mehr oder weniger rasche Auflösung ihrer Bindungen zum Unbewussten der Filmproduktionsfamilie statt.

Der Autor verknüpft die wesentlichen schicksalsanalytischen Elemente wie Erbe, Triebe und deren dominante Erscheinungsformen zur Deutung des psychischen Wesens «Film». Hintergründige Triebpotenziale tauchen im Ablauf der Filmerzählung plötzlich auf, scheinbar Dominantes erweist sich als Dekor, familiäres Unbewusstes und Bedürfnisdruck führen zu drastischen Veränderungen im Verhalten von Personen, was zu radikal neuen Deutungen führt. Der Schluss von *Arsen und Spitzenhäubchen* könnte lauten: «Eine gewisse Elaine Brewster wurde mit schweren Vergiftungserscheinungen in das Spital von Key West eingeliefert und erlag einem Organstillstand. Ihr Mann Mortimer war untröstlich».

Die Stiftung Szondi-Institut dankt Holger Schumacher für seine tiefschürfende Arbeit zur Anwendung der schicksalsanalytischen Deutungsmethode Leopold Szondis auf die Filmherstellung. Mit der Nutzung der schicksalsanalytischen Instrumente gibt er der Entschlüsselung von Filmen eine neue Erkenntnis- und Deutungsebene.

Alois Altenweger, dipl. Schicksalsanalytiker
Präsident des Stiftungsrates Szondi-Institut

Vorwort

Vor mehr als 15 Jahren nahm ich Kontakt zu dem damaligen Präsidenten der *Deutschen Gesellschaft für Sozialanalytische Forschung*, Hermann-Josef Berk, auf, weil mir eine merkwürdige Parallele zwischen Kunst und Psychologie «ins Auge gesprungen» war: In den Fotoserien *Twentysix Gasoline Stations* (1963) und *Thirtyfour Parking Lots in Los Angeles* (1967) des amerikanischen Künstlers Ed Ruscha meinte ich, das gleiche Prinzip erkannt zu haben, welches dem sogenannten Szondi-Test zugrunde liegt: Bei dem Betrachten von Ruschas Fotografien kam mir sofort in den Sinn, sie in sympathische und unsympathische Bilder einzuteilen. Ich stellte mir die Frage, warum mich manche Aufnahmen ansprachen, andere hingegen nicht. Was verriet dies über mich und das Kunstwerk?

Hermann-Josef Berk führte mich in die Grundlagen von Szondis experimenteller Triebdiagnostik ein. Hieraus erwuchs die Idee, die Schicksalsanalyse auf das Medium Film anzuwenden. Als Filmemacher und begeisterter Kinozuschauer erhoffte ich mir, auf diese Weise herauszufinden und wissenschaftlich begründen zu können, warum mich die Bilder bestimmter Filme faszinierten. Und welche seelischen Kräfte im Spiel sind, wenn wir einen Film schreiben und inszenieren. Da Herr Berk kurz darauf verstarb, musste ich das gemeinsame Vorhaben allein fortführen. Über mehrere Jahre hinweg entstanden einzelne Essays, die ich auf der Website *filmpsychoanalyse.de* veröffentlichte. Dieses Buch ist nun ein weiteres Ergebnis unserer kurzen, aber anregenden Begegnung. Für seine Unterstützung bin ich Herrn Berk sehr dankbar. Seine Gedanken begleiten mich immer noch und wirken in mir und meiner Arbeit weiter.

Das Gleiche gilt für andere Psychologen und Wegbegleiter, denen ich ebenfalls meinen Dank aussprechen will. Denn sie alle waren, bewusst oder unbewusst, an der Entstehung dieses Buchs beteiligt. Dazu gehören: Der Kölner Psychologe Jürgen Vogt, den ich an vielen Stellen zitiere, weil wir uns in zahlreichen Gesprächen über das Kino und die Schicksalsanalyse ausgetauscht haben. Er ermutigte mich stets, dem beschrittenen Weg zu folgen. Die Kölner Künstlerin Brigitte Burgmer, die mir wichtige Einblicke in ihre Auseinandersetzung mit dem Szondi-Test gab. Der Verleger Wolfgang Henrich, dem ich eine Reihe von Einsichten in das Kino als Kunstform verdanke. Der Psychohistoriker Ludwig Janus, dessen Schriften das Kapitel zur filmischen Kulturanalyse geprägt haben. Der Psychologe Rolf-Arno Wirtz, dessen Gedanken in den Abschnitt über Film und Sexualität eingeflossen sind. Die Szondianer Mathes Seidl, Friedjung Jüttner, Gerhard Kürsteiner und Karl Bürgi-Meyer, deren Schriften mich beeinflusst haben. Der Psychiater und Kinoliebhaber Robert Maebe. Der verstorbene Friedhelm Bellingroth, der als erster die Schicksalsanalyse auf das Medium Film angewendet hat. Mein Regielehrer Peter F. Bringmann. Der Filmproduzent Carl-Ludwig Rettinger, der zu den ersten Lektoren dieses Buchs gehört. Der Drehbuchautor Alexander Daus, mit dem ich bei der gemeinsamen Arbeit oft über die Schicksalsanalyse und ihre Rolle für die Dramaturgie gesprochen habe. Mein Vater, der mich für die Fotografie und die Bildgestaltung begeisterte. Und meine Mutter, der ich eine frühe Begegnung mit Film, Kunst und Musik verdanke sowie viel Geduld, Liebe und Ermutigung.

Besonderen Dank schulde ich Alois Altenweger. Nicht nur für sein Geleitwort, das wichtige Aspekte meiner Filmdeutung ergänzt, sondern auch für die großzügige Förderung der *Stiftung Szondi-Institut*, ohne welche dieses Buch nicht möglich gewesen wäre.

Holger Schumacher
Köln, im April 2021

1 Ouvertüre: Die Schicksalsanalyse als Kulturtheorie

1961 erhält der Schicksalsanalytiker Leopold Szondi per Post die anonyme Aufnahme eines Triebprofils aus dem nach ihm benannten Test. Als einzige Informationen über den Probanden sind dessen Geschlecht und Lebensalter angegeben. Eigentlich lehnt Szondi sogenannte Blinddiagnosen ab. Doch mit einem Blick auf die Testaufnahme erkennt er, dass er es hier mit einem außergewöhnlichen Profil zu tun hat, welches keinem der abertausenden Protokolle entspricht, die er bislang auf dem Schreibtisch hatte. Szondis Neugier ist geweckt. Nach der Auswertung des Triebprofils attestiert er: «Wir haben es mit einem nahezu einmaligen Fall zu tun. Der Mann ist ein Krimineller mit einem unstillbaren Trieb zum Töten. Seine Gefahr für die Öffentlichkeit wird noch durch sein autistisches Macht-Ego und seine Tendenz zur Projektion erhöht» (Szondi o. J. zit. n. Kulcsar 1966: 182). Erst später erfährt Szondi, dass dieses Profil aus den Untersuchungen des Psychiaters Istvan Kulcsar stammt, der den Massenmörder Adolf Eichmann im Vorfeld seines Gerichtsprozesses begutachtet und mehreren psychologischen Tests unterzogen hat. Für die Triebstruktur Eichmanns wird Szondi später den Begriff des «Schreibtischtäters» prägen.

Schon zehn Jahre früher hat er in einer kurzen Passage seiner *Ich-Analyse* (1952) die Triebstruktur des Menschen zu einer sozialanalytischen Zeitdiagnose ausgeweitet, die Adornos und Horkheimers Erschrecken über den Faschismus zu antworten scheint. Die Tendenzen des Ich zum Größen- und Verfolgungswahn (Egodiastole) sowie die Gegenkraft der bejahenden und verneinenden Stellungnahme (Egosystole) wendet Szondi auf einen geschichtlichen und gesellschaftstheoretischen Rahmen an. Bereits hier wird seine Entwicklung vom Psychiater zum Kulturanalytiker deutlich:

Die Geschichte der Menschheit besteht aus dem Kampf der diastolischen und systolischen Gegenkräfte unter den Völkern.
Kriege entstehen stets auf dem Boden einer völkischen Diastole. Frieden entsteht durch die *Integration* der Diastole und Systole unter den Völkern. Von dieser Betrachtung der Menschheitsgeschichte muß man zu der Behauptung kommen, daß die *kollektive* Egodiastole unter den Völkern in der Geschichte stets stärker war als die Kraft der kollektiven Egosystole. Und warum? Weil die kollektive Integration eben fehlte und weil alle Bemühungen in der Richtung einer Integration des völkischen Diastole-Systole-Gleichgewichts so oft versagten.

Die kollektive Ich-Entwicklung der Menschheit ist heute vielenorts einesteils in der Phase der Partizipation der sekundären Projektion (kommunistische Staatsformen) und in der Inflation (faschistische Staaten) steckengeblieben (p-Völker), anderenteils in der Phase der Einverleibung (großkapitalistische Staaten) erstarrt (k-Völker). In Bezug auf die Möglichkeit einer *Integration der völkischen Ich-Existenzen in Form einer freien Demokratie* dürfen wir für die nahe Zukunft keine zu großen Hoffnungen hegen (1952: 266. Hervorhebung u. Rechtschreibung im Original).

Diesen Gedankengang greift der Psychoanalytiker Hermann-Josef Berk auf, wenn er den Unterschied zwischen Nationalsozialismus und Kommunismus folgendermaßen zusammenfasst: Im ersten Fall geht es um das Gott-Sein ohne Schuld, einen inflativen Wahn, in dem Tod und Zerstörung ausgeblendet werden (vgl. 2008: 39). Das macht den industriellen Massenmord möglich, ein in der Menschheitsgeschichte unvergleichbares Verbrechen. Denn Völkermord hat es schon immer gegeben. Die Nazis waren aber die Ersten, die ihren Blick von denen abwandten, die sie ermordeten. Der Kommunismus wiederum folgt der Logik: «Eins, zwei, drei, vier, fünf, sechs, sieben, acht, neun, PENG!» Dieser projektive Wahn will alle Menschen gleichmachen, sucht aber auch immer nach dem Saboteur, der für die Erreichung des kollektiven Ziels vernichtet werden muss. Ein Thema, um das folglich viele Filme des *Sozialistischen Realismus* kreisen.

Als Echo auf die Auseinandersetzung mit Eichmann widmet sich Szondi in seinem Buch *Kain. Gestalten des Bösen* im Jahr 1969 der tötenden Gesinnung des Menschen und ihrer psychohistorischen Dimension. Ging es in der *Ich-Analyse* um das Verhältnis von Seele und Geist sowie um die Dynamik zwischen Sein und Haben, Männlichkeit und Weiblichkeit, traditionellen und modernen Gesellschaften, die sich daraus ergibt, steht nun die Frage nach Ethik und Moral im Vordergrund. Die biblische Figur des Kain wird für Szondi zum Symbol des fortwährenden Ringens um Kultur als höherer Entwicklungsstufe eines antisozialen Kraftarms:

> Der Historiker stellt fest, daß die Weltgeschichte nicht die Verwirklichung eines ständigen Fortschreitens vom Niedrigen zum Höheren, vom Schlechteren zum Besseren, von der Knechtschaft zur Freiheit ist. [...] Die tötende Gesinnung Kains ist äußerst erfinderisch. Sie fand in der Weltgeschichte immerfort neue Ziele und neue Motive zum Töten. [...] Er regiert den Einzelnen von der Wiege bis zum Grabe und die Welt von der Steinzeit bis ins Atomzeitalter und noch weiter in Zeiten, die folgen werden (Szondi 1969: 7. Rechtschreibung im Original).

«Normalität ist eine Illusion»

Szondis Lebensgeschichte ist eine der faszinierendsten Forscherbiografien im 20. Jahrhundert.[1] Sie ist gezeichnet von tiefen Schicksalsbrüchen, aber auch von einem ungewöhnlichen Mut und Überlebenswillen. Mehrfach ist er vom drohenden Tod umgeben. Als Soldat im Ersten Weltkrieg trifft ihn ein Granatsplitter, dieser wird aber durch ein Exemplar von Sigmund Freuds *Traumdeutung* (1900) gestoppt, das Szondi ständig bei sich trägt. Das ist das erste Mal, dass die Tiefenpsychologie sein Leben rettet.

Nach dem Krieg wird Szondi wissenschaftlicher Mitarbeiter des Psychologen und Heilpädagogen Pál Ranschburg. Ab 1927 ist er Leiter des für ihn geschaffenen *Königlich-Ungarischen Staatlichen Heilpädagogischen Forschungslaboratoriums für Psychopathologie und Psychotherapien* an der Budapester Hochschule für Heilpädagogik. In dieser Zeit versammelt er hochkarätige Denker aus verschiedenen Disziplinen um sich. In diesem Kreis diskutiert man über die Entwicklungen in Wissenschaft und Gesellschaft und befruchtet sich im gegenseitigen Austausch.

Der erste große Schicksalsschlag kommt 1941: Als Jude wird Szondi Opfer des Berufsverbots. Er verliert seine Stelle und sämtliche Titel als Forscher. Im Sommer 1944 verschleppen die Nazis ihn und seine Familie in das sogenannte «Ungarnlager» von Bergen-Belsen. Seine Frau Lili dokumentiert

---

1   Vgl. hierzu Karl Bürgi-Meyer: *Leopold Szondi: Eine biographische Skizze* (2000). Und Béatrice Kronenberg: *Die Schicksalsanalyse und die Lebensgeschichte ihres Begründers Leopold Szondi* (1998).

das Leid der Familie Szondi und anderer Insassen später in dem erschütternden Erlebnisbericht *Egy nap Bergenben* («Ein Tag in Bergen») (1945). Immer wieder ist darin von der Not zu lesen, mit den spärlichen Nahrungsrationen die Kinder versorgen zu können und durch Körperreinigung, Kleiderwäsche sowie das Fegen der Baracke einen letzten Rest von Würde zu bewahren. «Wenn ich im Leben keinen Sinn mehr sehe», schreibt Lili Szondi,

> stelle ich mir vor, dass Bergen-Belsen eine vom Schicksal auferlegte Aufgabe ist: Sie kann gut oder schlecht gelöst werden. Ich beschloss, diese Aufgabe für mich und für meine Familie so gut wie möglich zu meistern; dieser Wille half mir dann auch tatsächlich, wenn auch nicht jedes Mal, so doch in den meisten Fällen, mich über das Ärgste hinwegzusetzen und durchzuhalten (ebd.: 6).

Leopold Szondi überlebt diese Zeit ebenfalls durch einen fast übermenschlichen Willen. Unbeirrt hält er an seiner Berufung fest und führt im Lager analytische Sitzungen mit Patienten durch. Lili Szondi schreibt über ihren Mann:

> Er ist sichtlich gut aufgelegt, wie fast immer, und es heitert mich richtig auf, ihn anzusehen. [...] Ich möchte schon gerne wissen, woher er seine gute Laune hat. ‹Ich bewundere Dich, kann Dir jedoch nicht folgen›, sage ich ihm immer (ebd.: 5).

Ein zweites Mal kann Szondi dem Tod entrinnen: Gegen eine Lösegeldzahlung in Form von Goldbarren werden er und seine Familie der Hölle von Bergen-Belsen entrissen. Im Dezember 1944 setzt man sie hinter der schweizerischen Grenze ab. Mit der Unterstützung großzügiger Förderer kann Szondi in Zürich das «Lehr- und Forschungsinstitut für Allgemeine Tiefenpsychologie und Schicksalspsychologie» eröffnen. Doch menschlich und beruflich muss er wieder von vorne anfangen. Wie besessen forscht und schreibt er gegen die Vernichtung seiner Existenz an. Es ist seine Form der Selbsttherapie. Dabei hinterlässt er ein gigantisches Werk, das die Wissenschaftsgeschichte entscheidend prägt. Sigmund Freud ist er nie persönlich begegnet. Dennoch wird er zum Meisterschüler, der Freuds Triebtheorie ausdifferenziert und weiterentwickelt.

Die Schicksalsanalyse als dritter Weg der Tiefenpsychologie

Der Lebensweg beider Forscher weist vielsagende Parallelen auf. Sowohl Freud als auch Szondi beginnen als Psychiater in der Klinik. Doch schon bald dämmert es ihnen, dass die Krankheiten, mit denen sie dort konfrontiert werden, nur eine Extremform der menschlichen Triebe darstellen. Szondi wird später – weniger klinisch – von Bedürfnissen sprechen. Die Auseinandersetzung mit der Frage, warum die Menschen krank geworden sind, führt beide Forscher schließlich dazu, die verschiedenen seelischen Kräfte im Menschen zu erkennen und zu beschreiben. In den dramatischen Auftritten der Hysterikerinnen zum Beispiel, welche die Symptome ihrer Leidensgenossinnen perfekt nachzuahmen wissen, wird der übermäßige und unangebundene Drang deutlich, sich zur Schau zu stellen. Wenn wir uns heute André Brouillets Gemälde *Une leçon clinique à la Salpêtrière* (1887) ansehen, dann wirkt die darauf abgebildete «Krankenschau» Charcots, als gebe sie der Hysterikerin eine Bühne für ihren Auftritt.[2]

Wie die Freudsche Psychoanalyse erweitert das Spätwerk der Schicksalsanalyse den klinischen Fokus zu einem psychohistorischen und kulturanalytischen Blick. Bei Szondi ist dies schon im Beginn seiner Wissenschaftsdisziplin angelegt. Im Jahr 1937 führt er die Theorie der Wahlhandlungen ein, welche im Verständnis der Schicksalsanalyse von dem familiären Unbewussten geprägt sind. Alois Altenweger schreibt, dass dies «die schicksalsprägenden Handlungen des Menschen wie die Wahl von Partnern, Freunden, des Berufes, der Krankheit und selbst der Todesart in einem völlig neuen Licht erscheinen» ließ (2012: 12).

Mit seiner *Ich-Analyse* geht Szondi im Jahr 1956 noch einen Schritt weiter und verbindet die verschiedenen Schulen der Tiefenpsychologie. Die Vorstellungen des Unbewussten von Sigmund Freud und Carl Gustav Jung werden nun zu einem «dreistöckigen Keller» des Seelischen (Gerster 1956: 35) ausgebaut: Im untersten Geschoss befindet sich das *kollektive*, im mittleren das *familiäre* und im obersten das *persönliche* Unbewusste. Fasst man das Unbewusste als Sprache auf, erscheint Freuds Modell durch seine Beschäftigung mit dem persönlich Verdrängten als *Symptomsprache*. Jungs Auseinandersetzung mit den Urbildern oder Archetypen repräsentiert die *Symbolspra-*

---

2   Ich danke dem Psychologen Jürgen Vogt für diesen Hinweis.

che. Und Szondis Fokus auf die Ahnenansprüche bildet schließlich die *Wahlsprache* (ebd.: 34 f.).

Verdrängung der Kulturanalyse

Aus heutiger Perspektive ist nur noch sehr schwer nachvollziehbar, welches Selbstbewusstsein und welche Unbeirrbarkeit der erkenntnistheoretische Paradigmenwechsel vorausgesetzt haben muss, den Freud und Szondi einleiteten. Der Begründer der Psychoanalyse wurde nach seiner Vorlesung über die «Ätiologie der Hysterie» (1896) unmittelbar aus dem Wissenschaftsbetrieb ausgeschlossen. Denn in dem Begriff des Seelischen schienen aufklärerisch geübte Ohren eine Rückkehr der Scholastik zu erkennen, von der man sich in einem langen und blutigen Ringen losgesagt hatte. Noch dazu drohte Freud, dem Wiener Ärzteestablishment nicht nur die Heilmethoden, sondern auch die Patienten zu entziehen (vgl. Berk 2007: 14). Um diesen Reflex zu verstehen, muss man eine sehr lange Entwicklungslinie zurückverfolgen, die bis in das alte Ägypten führt, an dieser Stelle aber nur sehr verkürzt, gleichsam im Schnelldurchlauf, dargestellt werden kann. Dabei wird eine andauernde Dynamik von Befreiungsbewegungen und erneuten Verkrustungen deutlich, die bis in das aktuelle Zeitalter der Informatik hineinführt.

In seinem Buch *Die zweite Aufklärung. Zum Erwachen der Psychoanalyse* (2007) schildert Hermann-Josef Berk den Weg von den Offenbarungsreligionen über die Aufklärung und den Zwischenschritt der Psychoanalyse bis zur Kybernetik: In allen Denkmodellen geht es um die Herstellung und Sicherung des allgemeinen Wohls. Um dies zur tragenden Idee zu machen, wird das Politische im alten Ägypten theologisiert und mit einer Eid-Fluch-Konstruktion belegt: In Anwesenheit der Götter müssen die Stammesfürsten und Vasallen des Pharaos einen Eid schwören. Wenn sie ihn brechen, hat das die spurenlose Auslöschung aus dem Kosmos zur Folge. In einer ungeheuren Abstraktionsleistung ersetzt Moses dann den horizontalen Götterhimmel der Ägypter durch eine vertikale Ellipse. Gott wird mit einem Bebilderungsverbot belegt, und die extrinsische Motivation der Fluchkultur soll durch eine intrinsische ersetzt werden. Denn wer frei ist, braucht kein Abbild mehr, sondern er verzichtet auf das Töten, Stehlen und Lügen aus Vernunft, aus innerer Bindung an die Schöpfung. Der Dekalog wird heute als eine Art

«Strafgesetzbuch» gelesen, er war aber als Freiheitsmanifest gedacht. Wie schwierig und unaushaltbar diese Freiheit ist, zeigt uns die Geschichte vom Goldenen Kalb. Kaum lässt Moses sein Volk fünf Minuten allein, schreibt Hermann-Josef Berk, hat es sich schon wieder ein greifbares Abbild gemacht (ebd.: 141). Um die Freiheit mit der nötigen Orientierung auszustatten, müssen deshalb zumindest zehn Regeln in Stein gemeißelt werden. Denn keine Revolution kommt ohne ein Manifest aus. In der Zeit Jesu ist dieses Regelwerk aber völlig erstarrt und soll durch eine «lebendig sprühende Spiritualität» ersetzt werden (Berk 2005: 6). Die Bergpredigt und das Vaterunser sind ein Echo des Dekalogs. Auch hier ist das Ziel, die Macht von den Schriftgelehrten auf die Gemeinde zu übertragen. Daran wird Luther anderthalb Jahrtausende später mit seiner Erneuerungsbewegung anknüpfen.

Der nächste große Paradigmenwechsel findet mit der Aufklärung statt. Erneut gilt es, sich von der mörderischen Macht des Klerus als deutungsgebender Instanz zu emanzipieren. Die Voraussetzung dafür ist Anthony Ashley-Coopers Feststellung, dass sittliches Verhalten auch ohne Offenbarungsreligion möglich sei. Wurden das «Gute» und das «Böse» im Christentum aus dem Seelischen noch auf die äußeren Instanzen von Gott und Teufel projiziert, wird nun die Erkenntniskraft des menschlichen Verstands zur tragenden Vorstellung. Für diese Befreiung ist ein simpler, aber genialer Trick notwendig:

> Sich mit den Theologen oder der Theologie selbst anzulegen, unmittelbar bei ihren vielen Widersprüchen und Unglaublichkeiten anzusetzen, hätte nur dazu geführt, wie Giordano Bruno auf dem Scheiterhaufen zu verbrennen. Also musste man etwas zwischen sich und die Theologie stellen, durch das man einerseits geschützt war, andererseits in die Lage versetzt wurde, ihre Gewalt zu brechen. Und dieses ‹Etwas› war die Betrachtung der Schöpfung selbst, ohne die Bibel oder die Kirchenväter bemühen zu müssen. Denn wenn man die Schöpfung dazu brachte, ‹selbst von sich wahrheitsgemäß zu erzählen›, erhielt man Sätze, die theologisch nicht angreifbar waren.
>
> Damit es unzweifelhaft nicht die Person war, die behauptete, dass sie wisse, was die Schöpfung von sich erzähle, musste man zwischen Person, Schöpfung und Erzählung der Schöpfung ‹Vor-Richtungen› schaffen: systematisierende Beschreibung – aufdeckende, messende und beweisende Gerätschaften samt den lebendige Inhalte transportierenden Experimenten – und bei Martin Luther erstmalig lebens-

rettend das Instrument ‹Publikation›, die Schaffung von möglichst vielen Zeugen, die Einrichtung der großen Komplikation ‹Öffentlichkeit› (Berk 2007: 55).

Um die gewonnene Freiheit des Forschens und Publizierens zu sichern, wird ein Schutzraum gebildet: Die «Institutionalisierung» des Wissens «mittels der Einrichtung verfasster, mit eigener Gerichtsbarkeit ausgestatteter Akademien und Universitäten» (ebd.: 57). Die Ausschaltung des Subjekts als Schutzreflex spiegelt sich dort bis heute in dem Duktus wissenschaftlicher Arbeiten wider: Die Verwendung der Ich-Form ist untersagt. Nicht der Autor oder Wissenschaftler, sondern sein Untersuchungsgegenstand soll «aus sich selbst heraus sprechen».

Diesen Mechanismus schien Freud mit dem Begriff des Seelischen aufzubrechen und erneut in Richtung der Scholastik zu öffnen. Mit der Mittwochsgesellschaft musste die Psychoanalyse deshalb einen eigenen Schutzraum bilden, in dem sie sich weiterentwickeln konnte. Heute ist sie jedoch wieder in das Gesundheitssystem integriert, mit der Folge, dass Freuds Literatur auf den klinischen Teil reduziert, das kulturtheoretische Spätwerk hingegen ausgeblendet wird. Durch den Siegeszug der Informatik dominieren nun diejenigen Schulen der Psychologie, die das Seelische als «Black-Box-Modell» auffassen. Die Frage nach dem Warum, nach den Widersprüchlichkeiten des Seelischen, wird mit Philosophie oder Religion gleichgesetzt. Psychologie gleicht heute der Chirurgie, denn es gilt, «Störungen» durch Training zu *entfernen*. Doch «Psychotherapie macht nichts weg, sie tut etwas dazu» (ebd.: 102).

Dahinter steht eine Ideologie, die als solche kaum noch erkennbar ist. Nach der fortwährenden Enttäuschung über Offenbarungsreligionen und Aufklärung, die in den immer gleichen Exzessen von Krieg, Gewaltherrschaft und Ungleichheit mündeten, ist es der Kybernetik nun schon zwei Generationen lang gelungen, sich als objektivierende Heilsidee zu präsentieren, welche die Anfälligkeit für Ideologie auszuhebeln scheint. Nicht die Religion, sondern der Mensch selbst wird nun als das Problem gesehen. Dies ist mit folgender Vorstellung verknüpft:

> Gott ist ein schlechter Ingenieur. Die Meat-Machine, damit ist das Gehirn gemeint, macht zu viele irrationale Fehler, wobei die Finesse ist, daß das Wort ‹meat› totes Fleisch bedeutet im Unterschied zu ‹flesh›, dem lebenden Fleisch (Berk 2000: 43. Rechtschreibung im Original).

Das ist der Punkt, an dem Richard David Precht mit seiner Kritik an der Informatik scheitert. Denn er verkennt, dass das, was er als Ausweg anbietet – die Rückbesinnung auf die Ideale der Aufklärung – den Ursprung für die heutigen Denkmuster bildet. Was die Informatik als Versprechen anbietet, wird nämlich als Verwirklichung und Apotheose der Aufklärung verstanden. Dies gelingt ihr, indem sie den dunklen Begleiter ihrer Vision ausblendet, welcher das menschliche Leben und Erleben in Wenn-dann-Beziehungen zwängen will. Der aus dem industriellen Zeitalter stammende Wahn der Machbarkeit verbindet sich hier mit dem Wahn der Messbarkeit: Individuen, Gruppen und Berufsstände werden wie Programme behandelt, «controlled» und «optimiert» (vgl. Berk 2000: 44–48).

Die Schicksalsanalyse als Beitrag zur Filmtheorie

Der psychohistorische Ausflug vom alten Ägypten in die Gegenwart zeigt, warum gegenüber der Psycho- und der Schicksalsanalyse eine ideologische Sperre eingerichtet worden ist. Er macht aber auch ihr brachliegendes kulturanalytisches Potenzial deutlich. Wir versuchen, diese Sperre zu durchbrechen, indem wir Szondis Überlegungen auf das Medium Film und das Kino anwenden. Obwohl der Phänomenologe Henri Maldiney in *Art et existence* die Schicksalsanalyse als das beste System zur Auseinandersetzung mit Kunst beschreibt (2017 [1985]: 54–82), hat sie in den entsprechenden Wissenschaftsdisziplinen bislang nur eine marginale Rolle gespielt. Auch wenn eine der frühesten Quellen der Schicksalsanalyse die Auseinandersetzung mit Literatur, genauer gesagt: mit dem Leben des Dichters Fjodor Dostojewski, ist, gibt es von Szondi selbst keine Schriften zur Ästhetik, wohl aber das Geleitwort zu Friedhelm Bellingroths Untersuchung über die *Triebwirkung des Films auf Jugendliche* (1958), welche sich mit Rezeptions- und Wirkungsfragen befasst. Hier beschreibt Szondi die Anwendung der Schicksalsanalyse auf die Filmwissenschaft zumindest als Perspektive. Mathes Seidl liefert durch seinen Essay *Das Innenleben der Musik* (2011) einen Beitrag zur Musikpsychoanalyse, indem er Instrumentengruppen, Stilepochen, Spieltechniken und musikalische Phrasen als Emanationen der Triebkräfte identifiziert, die Szondi beschreibt. Eine kunstwissenschaftliche Auseinandersetzung mit Szondis *Experimenteller Triebdiagnostik* finden wir in Brigitte Burgmers *Ausdrucks-*

formen. Eine Studie zu den Szondi-Test-Personen (1983). Mit seinem Experimentalfilm *48 Köpfe aus dem Szondi-Test* (1960) nimmt Kurt Kren wiederum eine künstlerische Verarbeitung des Szondi-Tests vor.

In Anknüpfung an diese Ansätze wird die Schicksalsanalyse nun umfassender auf das Massenmedium Film angewendet. Indem wir eine Wahlverwandtschaft zwischen der Wissenschaftsdisziplin und der Kunstform begründen, eröffnen wir einen völlig neuen Blick sowohl auf den produktiven als auch den reproduktiven Teil künstlerischen Schaffens. Dieses Buch gliedert sich in vier große Abschnitte: Zunächst setzt es sich mit dem Filmerleben auseinander: Welche seelischen Prozesse kommen im Kinosaal zur Wirkung? Dies führt zu der kulturanalytischen Frage, warum das Kino am Ende des 19. Jahrhunderts seinen bis heute ungebrochenen Siegeszug antrat. Welche kollektiven seelischen Bedürfnisse befriedigte es dadurch? In diesem Zusammenhang müssen auch Parallelen zu anderen Kunstformen gezogen werden: zu Entwicklungen in der Literatur, der Musik und der Bildenden Kunst. In Anlehnung an Siegfried Kracauer und die Psychologische Morphologie wird als nächstes untersucht, wie Filme unbewusste Denkmuster ihrer Entstehungszeit in Bildern und Geschichten ausdrücken. Was verraten sie über die Epigenetik unserer Kultur? Dies bildet die Brücke zu dem dritten großen Abschnitt: der Filminterpretation. Wie verwandeln Genrekonstruktionen grundlegende seelische Bedürfnisse und Krisen in Erzählformen? Und was kann die Schicksalsanalyse zur Deutung von Filmen beitragen? Auf diesem Weg gelangen wir zu dem letzten großen Abschnitt: der Filmproduktion. In Bezug auf die Drehbucharbeit untersuchen wir, wie die Figurentypologie Laurie Hutzlers sowie Joseph Campbells Modell der Heldenreise das Bedürfnissystem der Schicksalsanalyse aufgreifen. Wir widmen uns außerdem der beim Casting beginnenden Inszenierungsarbeit zwischen dem Regisseur und seinen Schauspielern, welche erstaunliche Parallelen zum Szondi-Test aufweist und die Nähe zwischen Schauspiel, Filmrezeption und Psychose deutlich macht. Dieser Aspekt hat in der filmwissenschaftlichen und filmpsychoanalytischen Forschung bislang nur wenig Beachtung gefunden. Durch die Schicksalsanalyse können also bisherige Perspektiven der Filmwissenschaft – Erzähltheorien, Rezeptionsmodelle sowie kulturpsychoanalytische Ansätze – ergänzt und miteinander verbunden werden. Indem wir mit Szondi im Kinosessel Platz nehmen, begeben wir uns auf einen Tauchgang in das Unbewusste des Films, der zu einem radikal neuen Verständnis dieser Kunstform führt.

2 Aufblende: Das Filmerleben

Der Kinosaal, wie wir ihn heute kennen, ist eine Weiterentwicklung der Oper, denn er geht auf Richard Wagners Konzeption des Bayreuther Festspielhauses zurück. Stephen Frears' *Dangerous Liaisons* (1988) und Miloš Formans *Amadeus* (1984) zeigen das Opernhaus als einen Ort sozialer Begegnung, wo der Blick in die Nachbarloge und das Getuschel über die anderen Gäste die Aufführung beinah zu einer Nebensache degradieren. Viel spannender und bedeutender scheinen hier die bei Kerzenschein stattfindenden Dramen, Inszenierungen und Maskeraden im Zuschauerraum zu sein. Indem Wagner die Sitzreihen zur Bühne hin ausrichtet, das Orchester unsichtbar macht und den Raum in völlige Dunkelheit taucht, verwandelt er das *Publikum* fortan in *Zuschauer*. Er bannt ihren Blick und dadurch auch die emotionale Beteiligung konsequent auf das Bühnengeschehen. Die soziale Interaktion wird nun ebenfalls in die Aufführung eingebunden. Denn im Dunkeln verschmelzen wir nicht nur mit den Figuren des Musikdramas, sondern auch den anderen Zuschauern neben uns, mit denen wir gemeinsam lachen, weinen oder uns erschrecken.

Die gleiche Dynamik prägt das Filmerleben. Wenn im Kinosaal das Licht ausgeht, werden wir hier ebenfalls für einen kurzen Moment buchstäblich im Dunkeln gelassen. Doch wenn sich der Vorhang öffnet, richten wir unsere Pupillen zwanghaft auf das Leinwanddrama. Als jüngste Kunst greift das Kino dabei auf die archaischste Ausdrucksform des Menschen zurück: das Bilderleben. Für die Dauer von zwei Stunden versetzen wir uns in eine frühere Entwicklungsstufe zurück, in der die Trennung zwischen Vorstellung und Wahrnehmung wieder aufgehoben ist. Die inneren Bilder des Zuschauers und die äußeren Bilder des Leinwandgeschehens treten wie bei einer analytischen Sitzung in einen seelischen Tauschprozess von Übertragung und Gegenübertragung ein. Die Übernahme des Wagnerschen Raumkonzepts stellt also durch Faszination (lat. *fascinatio* = Beschreiung, Behexung) eine

Identifikation (spätlat. *identitas* = Wesenseinheit und lat. *facere* = machen) mit dem dramatischen Geschehen her.

Die Dominanz von Superheldenfilmen in den letzten zehn Jahren und ihre Protagonisten mit «spandex suits, capes and masks» (Friedkin zit. n. CPH PIX 2014: o. S.) werden von vielen Filmemachern und Kritikern als Zeichen für einen Verfallsprozess des Kinos gedeutet. Die zunehmende Popularität von Serien und Streamingdiensten scheint auf die gleiche Entwicklung hinzudeuten. Diese Diskussion über eine Krise gibt uns die Möglichkeit, Leinwand und Flatscreen gegenüberzustellen, genauer gesagt: zu untersuchen, was der Kinobesuch dem Filmgenuss im heimischen Wohnzimmer voraushat. Dazu widmen wir uns in den folgenden Abschnitten der Psychologie des Filmerlebens, der psychohistorischen Entwicklung des Kinos als Kunstform sowie seiner Beziehung zum Traum und zur Realität. Zunächst treten wir eine kurze Reise durch die Filmgeschichte an: von King Vidors *The Crowd* (1928) über *The Wizard of Oz* (1939) und Tarsem Singhs *The Cell* (2000) bis hin zu Oren Pelis *Paranormal Activity* (2007). Diese Filme scheint auf den ersten Blick nichts zu verbinden. Schauen wir auf ihr Genre und die Entstehungszeit, entdecken wir kaum Gemeinsamkeiten. Auch die jeweiligen Geschichten, ihre Figuren und Konflikte könnten unterschiedlicher nicht sein. Das Rätsel löst sich, wenn wir sie als Metafilme wahrnehmen, die uns etwas über das Wesen des Films als Kunstform verraten.

2.1 Eine gute Projektion!

King Vidors Stummfilmdrama *The Crowd* erzählt die Geschichte des Büroangestellten John Sims, der davon träumt, in der Millionenmetropole New York «somebody big» zu werden. Die Kehrseite dieser Sehnsucht ist die Angst vor dem Tod, vor der Auslöschung aus dem kollektiven Gedächtnis, welche wir als atavistische Urangst alle in uns tragen. John Sims' größter Albtraum ist es, ein John Doe, ein namenloser Jedermann zu bleiben. Der Schauplatz seines Lebenskampfes ist die moderne Großstadt. Für Alexander Horwarth und Gustav Schlemmer sind Stadt und Kino Orte, «an denen identitätsstiftende und -zerstörende Momente einander aufs Heftigste bekämpfen» (1991: 198). Mehrfach inszeniert Vidor New York als widersprüchlichen Lebensort, in dem John Sims sich gleichzeitig in der Masse seiner fellow-citizens geborgen fühlt, aber auch in ihr zu vereinsamen droht. In der Anfangseinstellung sehen wir ihn in einem Meer von Schreibtischen, als auf eine Nummer reduziertes Rad im Getriebe. Das ist die realistische Variante von Chaplins *Modern Times* (1936). Kurz darauf, wenn Sims seine spätere Frau kennenlernt, lässt Vidor diese Begegnung im Feierabendverkehr Manhattans stattfinden. In der scheinbaren Idylle und dem Versprechen von Geborgenheit ist bereits ein Hauch von Vergänglichkeit enthalten, der an Ernst Stadlers Gedicht *Abendschluss* (1914) erinnert:

> Die Uhren schlagen sieben. Nun gehen überall in der Stadt die Geschäfte aus.
> Aus schon umdunkelten Hausfluren, durch enge Winkelhöfe aus protzigen Hallen
>   drängen sich die Verkäuferinnen heraus.
> Noch ein wenig blind und wie betäubt vom langen Eingeschlossensein
> Treten sie, leise erregt, in die wollüstige Helle und die sanfte Offenheit
>   des Sommerabends ein.
> [...]
> Und manchmal, wenn von ungefähr der Blick der Mädchen im Gespräch zu Boden
>   fällt,
> Geschieht es, daß ein Schreckgesicht mit höhnischer Grimasse ihrer Fröhlichkeit
>   den Weg verstellt.
> Dann schmiegen sie sich enger, und die Hand erzittert, die den Arm des Freundes
>   greift,
> Als stände schon das Alter hinter ihnen, das ihr Leben dem Verlöschen in der
>   Dunkelheit entgegenschleift.

Das Paar macht eine Bustour durch New York, bei der es einen Hilfsarbeiter erblickt, welcher im Clownskostüm Werbetafeln durch die Straßen trägt. Das ist Sims' Horrorvision: ein von seiner Eigenheit völlig entfremdeter Niemand, eine sprichwörtliche Witzfigur. Dieses Bild muss Sims durch Spott abwehren; er macht sich über den Mann lustig: «Armer Idiot! Sein Vater dachte bestimmt, er werde Präsident.» Sims will nicht wahrhaben, dass ihm hier sein eigenes Schicksal vor Augen tritt. Später wird er nämlich in einer tragisch-komischen Wendung selbst dieses Clownskostüm überziehen.

Auf die Hybris folgt die Nemesis: John Sims wird arbeitslos, verliert seine Tochter durch einen Unfall und schließlich will ihn seine Frau verlassen. Der Lebensmüde wird nur durch die Zuneigung seines Sohnes vom Selbstmord abgehalten, der «werden will wie sein Vater». Am Ende versöhnt sich das Paar und besucht eine Filmvorstellung. Gemeinsam mit den anderen Zuschauern können Sims und seine Frau endlich wieder lachen. Der Kinobesuch verheißt schließlich auch den lange ersehnten beruflichen Erfolg, denn über die Leinwand flimmert ein Werbespot aus John Sims' Feder.

Was ist nun das Besondere an *The Crowd*? Der Film handelt von den zwei Arten, Unsterblichkeit zu erlangen: durch das Weiterleben in den eigenen Kindern und durch die Verwirklichung der eigenen Talente, die im Idealfall einen Eintrag in den Geschichtsbüchern mit sich bringt. Dieses Thema verbindet Vidor mit dem Bild vom Aufgehen und Untergehen in der Masse. Im Gegensatz zur Stadt, die von Hochhauskulissen geprägt ist, die zugleich majestätisch und erdrückend wirken, zeigt der Regisseur das Kino hier als Schutzraum, in dem die «Wiedervereinigung vereinzelter Individuen» (Horwarth u. Schlemmer 1991: 203) möglich ist. 80 Jahre nach King Vidor greift der Trailer zu Oren Pelis *Paranormal Activity* dieses Bild wieder auf. Bezeichnend ist, dass die Kamera auf die Zuschauer im Kinosaal gerichtet wird, die vor Angstlust gemeinsam schreien und kichern. Besser hätte Hitchcock es sich nicht wünschen können. Um die Wirkkraft dieses Bildes zu verstehen, müssen wir untersuchen, welchen seelischen Prozessen des Filmerlebens hierdurch Ausdruck verliehen wird. Dabei hilft uns ein weiteres Leinwandbeispiel.

In *The Cell* erzählt Tarsem Singh von der Psychologin Catherine Dean (Jennifer Lopez), die durch eine imaginäre Technologie in die Gedanken eines Serienmörders eintaucht, um ihm zu entlocken, wo er sein letztes Opfer versteckt hat. Die Innenwelt des Psychotikers wird so zur Außenwelt der Heldin. Wenn die Bilder, denen sie ausgesetzt ist, zu bedrohlich sind, kann sie durch einen Notfallknopf an ihrer Hand in die Realität zurückfliehen. Doch die Wirkmacht der Phantasiewelt wird schließlich so stark, dass dieser Rettungsmechanismus versagt: Die Heldin bleibt in der Welt des Psychotikers gefangen. Sie wird erst durch einen Polizisten befreit, der ihr bewusst machen kann, dass sie sich in einer fremden Seelenlandschaft und nicht in der Realität befindet.

Der Plot von *The Cell* ist nichts anderes als eine Metapher für das Kino. Psychologisch betrachtet, ist das Filmerleben ein hochkomplexer Vorgang. Das Seelische frisst und produziert unentwegt Bilder. Wie Friedhelm Bellingroth erläutert hat, ist das Bild «die ureigenste Erlebnis- und Ausdrucksform der menschlichen Tiefenseele» (1958: 113). Für das Unbewusste «ist wirklich, was bildhaft ist» (Heiß 1956 zit. n. Bellingroth 1958: 116). Das Filmerleben wird oft mit dem Traum oder der hypnotischen Trance verglichen. Doch seine Wirkung ist viel intensiver. Denn im Kino «liegt der ungewöhnliche Fall vor, [...] daß nämlich die (‹äußere›) Wahrnehmung und die (‹inneren›) tiefenseelischen Funktionen gleichzeitig gesteigert tätig sind» (Bellingroth 1958: 120). Wenn wir im Kinosessel gebannt der Handlung folgen, die Figuren auf der Leinwand lieben oder verabscheuen, wird das Filmdrama zum Psychodrama: Die Helden und Schurken eines Spielfilms dienen zugleich als Projektionsfläche für die unbewussten Wünsche und Konflikte des Zuschauers und wirken durch Introjektion auf ihn zurück. Je mehr das äußere Bild dabei der inneren Wirklichkeit des Zuschauers entspricht, desto stärker sind Wirkung und Erlebnisintensität (ebd.: 116, 121–127). Das ist der Mechanismus, den Nicholas Ray in seinem Interview über die Arbeit des Regisseurs beschrieben hat:

> Unless you can feel that a hero is just as fucked up as you are, that you would make the same mistakes that he would make, you can have no satisfaction when he does commit a heroic act. Because than you can say: ‹Hell, I could have done that, too› (Ray zit n. Martin Scorsese 1995: o. S.).

Deshalb gehen und reden wir nach einem befriedigenden Filmerlebnis wie die Helden auf der Leinwand. Wir haben uns ihre seelische Struktur zu eigen gemacht. Dies funktioniert, weil das Kino wie keine andere Kunstform das menschliche Partizipationsbedürfnis befriedigt. «Ein Ur-Bedürfnis des Ich», erläutert Leopold Szondi im Gespräch mit Georg Gerster, «ist die Sehnsucht, mit den anderen Ich eins, gleich und verwandt zu sein» (Gerster 1956: 39). In der Dunkelheit des Kinosaals wird diese Sehnsucht im doppelten Sinn befriedigt: Wie wir anhand des Wagnerschen Raumkonzepts gesehen haben, verschmelzen wir sowohl mit den Filmfiguren auf der Leinwand als auch den Zuschauern neben uns. Diese Dynamik verstehen wir noch besser, wenn wir uns Georg Simmels Überlegungen zur Wirkung der Dunkelheit vergegenwärtigen:

> Indem man nämlich nur die allernächste Umgebung übersieht, und hinter dieser sich eine undurchdringliche schwarze Wand erhebt, fühlt man sich mit dem Nächststehenden eng zusammengedrängt, die Abgegrenztheit gegen den Raum jenseits des sichtbaren Umfanges hat ihren Grenzfall erreicht: Dieser Raum scheint überhaupt verschwunden zu sein.

> Andererseits lässt eben dies auch die wirklich vorhandenen Grenzen verschwinden, die Phantasie erweitert das Dunkel zu übertriebenen Möglichkeiten, man fühlt sich von einem phantastisch unbestimmten und unbeschränkten Raum umgeben.
>
> Indem nun die im Dunklen natürliche Ängstlichkeit und Unsicherheit hier durch jenes enge Zusammengedrängtsein und Aufeinander-Angewiesensein Vieler behoben wird, entsteht jene gefürchtete Erregung und Unberechenbarkeit des Zusammenlaufs im Dunklen, als eine ganz einzige Steigerung und Kombination der einschliessenden und der sich expandierenden räumlichen Begrenzung (Simmel 1903: 27–71).

Seelisch führt der Spielfilm seine Zuschauer vorübergehend in eine individual- und stammesgeschichtlich frühere Entwicklungsstufe zurück, wo «Innen- und Außenwelt noch ohne feste Grenzen ineinander übergehen» (Bellingroth 1958: 110). Diesen Zustand, dass die Vorstellung noch nicht von der Wahrnehmung unterschieden werden kann, finden wir sowohl in traditionellen Kulturen, bei Kleinkindern als auch bei Psychotikern wieder. Was verrät uns dies über das Massenmedium Kino und seine Entstehung? Um diese Frage zu beantworten, müssen wir die Vorgeschichte des Films betrachten.

2.2 Rückblende: Das Kino als Kunstform

Mit dem Kino entsteht an der Schwelle des 20. Jahrhunderts ein Medium, das zugleich hochmodern und archaisch ist. Es integriert die bisherigen Künste – Literatur, Theater, Fotografie und Musik –, entwickelt sie weiter und spricht dabei Urbedürfnisse des Menschen an, die in den Zivilisationsgesellschaften verloren gegangen sind: den Drang nach seelischer Verwandlung und den Wunsch nach Partizipation. Schon immer haben wir Menschen unser Leben und Erleben in Geschichten gefasst. Die heiligen Schriften und die Belletristik gaben uns die Möglichkeit, auszudrücken und festzuhalten, wer wir sind und nach welchen Werten wir unser Zusammenleben ausrichten. Als «verdichteter» Ausdruck eines Weltbildes reagieren Erzählungen auch auf dessen Veränderung. Um den Siegeszug des Kinos nachzuvollziehen, müssen wir deshalb weit in die Geschichte zurückblicken. Dann wird eine ähnliche Entwicklung deutlich, wie wir sie bereits für den Weg von den Offenbarungsreligionen zur Informatik nachgezeichnet haben. Da unsere psychohistorische Reise erneut mehrere Jahrtausende umfasst, können wir sie hier nur in drastischer Verkürzung wiedergeben und müssen uns auf die wichtigsten Stationen beschränken, an denen richtungsweisende Brüche und Bewegungen deutlich werden, die dann in einer sehr langen Entwicklungslinie zur Geburt des Kinos führen.[3]

Die antiken Mythen und Heldensagen sind noch von einer Präsenz der Götter im Diesseits geprägt. Sie sind allgegenwärtig und wirken in das Leben der Menschen hinein: Das Gefühl der Liebe entsteht durch die Eingebung von Aphrodite, Poseidon wühlt das Meer auf, um Odysseus an der Heimkehr zu hindern, und bisweilen steigen die Götter vom Olymp herab, um sich mit den Menschen zu paaren. Diese Rückbindung, besser gesagt: Verbindung zwischen Dies- und Jenseits, drückt sich auch in der Dichtung aus. Das Drama zum Beispiel wird aus dem Dionysoskult im 7. bis 6. vorchristlichen Jahrhundert geboren.

Im Mittelalter rückt Gott durch den Einfluss der christlichen Theologie aus der Welt in das Weltall. Hierfür hatte bereits Moses mit dem Monotheismus und seinem Abbildungsverbot die Wurzeln gelegt. Immer noch preist Dichtung das Eingebundensein in die Schöpfung. Die irdische Existenz wird nun aber auf das Jenseits bezogen, beinah ausgerichtet. In den Epen und Versen erscheint dies als Leitmotiv des *memento mori*. Dichtung steht im Dienst der Kirche, und auch das mittelalterliche Drama geht aus der Liturgie hervor.

In der Neuzeit findet ein folgenschwerer Paradigmenwechsel statt. War das Mittelalter noch von der Idee geprägt, dass jede Bewegung mit der Androhung von Sünde und dem Verlust des ewigen Lebens verbunden sei, entsteht nun eine regelrechte Entdeckungs- und Eroberungsfreude. Buchdruck, Bibelübersetzung, Ausgleichssprache und eine zunehmende Alphabetisierung entmachten den Klerus schließlich als deutungsgebende Instanz. Universitäten ersetzen die Klöster als Stätten der Wissenschaft. Es ist die Geburtsstunde des Individualismus und des Bürgertums. Forschung beginnt, die Schöpfung zu entzaubern. Dadurch rücken Gott und die Menschen aus dem Zentrum des Alls immer weiter an dessen Rand. Die Ratio ersetzt die Religion (lat. *religio* = Rückbindung). Die Frage, wer wir sind und wie wir unser Zusammenleben gestalten sollen, wird in der Neuzeit nicht mehr aus einem Jen-

---

[3] Der folgende literaturgeschichtliche Abriss beruht auf Wilhelm Jacobs' Essay *Moderne Dichtung. Zugang und Deutung* (1960).

seitsbezug heraus beantwortet. Was zunächst noch als befreiende Daseinsfreude erlebt wird, soll sich im Laufe der kommenden 500 Jahre allerdings in eine düstere Skepsis verwandeln.

Mit der Romantik kommt es zu einer Gegenbewegung. Der Rationalismus der Aufklärung (engl. *enlightenment*) weicht nun einer Faszination für Nacht und Dunkelheit. Diese sind als Metaphern zu verstehen, denn der Blick richtet sich in Erzählungen und Gedichten auf die inneren Abgründe des Menschen, auf das Unfass- und Unerklärbare. Das Dunkle wird zum Szenario für Projektionen, für die Hinausverlagerung unbewusster Regungen in die Außenwelt. Waren Schreckgespinste und das Dämonische im Mittelalter noch als Gegensatz zur göttlichen Ordnung angelegt, die den Menschen zur Religiosität bewegen sollte, richten sich die Romantiker neugierig, beinah lustvoll auf der düsteren Seite ein. Der Individualismus der Neuzeit wird nun zu einem Subjektivismus in der Dichtung, der bereits auf die Moderne verweist.

Im 19. Jahrhundert tauchen drei große «Weltenzerstörer» auf, welche diese Entwicklung beschleunigen (vgl. Postman 1999: 128f.): Darwin stößt uns Menschen als Krone der Schöpfung vom Podest, reduziert die Weltgeschichte aber auch auf eine Serie genetischer Zufälle. Marx meint, die wahre Dynamik der Geschichte als Kampf um materielle Bedürfnisse erkannt zu haben, in seiner Idee der klassenlosen Gesellschaft ist für den Individualismus aber kein Platz. Freud wiederum scheint mit seiner Religionsanalyse der aufklärerischen Forderung zu entsprechen, dass der Mensch sich aus seiner selbstgewählten Unmündigkeit befreien müsse. Er zeigt aber auch, dass wir nicht nur rational handeln, sondern die Vernunft nur *einen* Teil unserer Ich-Kräfte darstellt. Dieses Triptychon neuer Blickwinkel entzieht sowohl dem Glauben an Gott als auch dem Glauben an die menschliche Vernunft die Tragkraft als Orientierungsrahmen.

Im 20. Jahrhundert steigert sich diese Entwicklung zur titelgebenden «Menschheitsdämmerung». Das Aufgehobensein in einer göttlichen Ordnung ist nun endgültig dem nagenden Gefühl von Einsamkeit und Verlorenheit gewichen: «Gott hat sich zurückgezogen und die objektiven Gesetzmäßigkeiten als seinen Schatten dagelassen», schreibt Rolf-Arno Wirtz; «in diesem Schatten gibt es keine starken Illusionen mehr» (1998: 73f.). Wir haben uns aus einer Bevormundung befreit, um schließlich einsam vor der gähnenden Unendlichkeit des Makro- und Mikrokosmos zu stehen. Gottfried Benn fasst dieses Gefühl in folgenden Versen zusammen:

Verlorenes Ich, zersprengt von Stratosphären,
Opfer des Ion —: Gamma-Strahlen-Lamm —,
Teilchen und Feld —: Unendlichkeitschimären
auf deinem grauen Stein von Notre-Dame.
[...]

Die Welt zerdacht. Und Raum und Zeiten
und was die Menschheit wob und wog,
Funktion nur von Unendlichkeiten —,
die Mythe log.
[...]

Ach, als sich alle einer Mitte neigten
und auch die Denker nur den Gott gedacht,
sie sich den Hirten und dem Lamm verzweigten,
wenn aus dem Kelch das Blut sie rein gemacht,

und alle rannen aus der einen Wunde,
brachen das Brot, das jeglicher genoß —
o ferne zwingende erfüllte Stunde,
die einst auch das verlorne Ich umschloß.

(1984 [1943]: 48 f.)

Das ist ein realistischer, aber auch pessimistischer Gegensatz zu der Stimmung, die sich 1808 in Schillers Ode *An die Freude* ausdrückt. Dort heißt es noch: «Seid umschlungen Millionen! / Diesen Kuß der ganzen Welt! / Brüder – überm Sternenzelt / Muß ein lieber Vater wohnen.»

Die Frage ist, ob bereits dieses «Muss» ein verzweifelter Ruf nach einem «lieben Vater» ist, um dessen Abwesenheit Schiller trauert. Wenn wir unsere Reise von der Antike bis zur Moderne in einem Satz zusammenfassen, erhalten wir die kürzeste Definition der Philosophie- und Kunstgeschichte: Die Beschäftigung mit Gott oder den Göttern weicht der Auseinandersetzung mit dem Menschen. Aus der Frage, was die Welt sei, wird die Frage, wer wir sind, und was wir überhaupt über die Welt wissen können.

Wie lässt sich das Unbehagen, welches dadurch entsteht, psychologisch deuten? In seiner *Ich-Analyse* liefert Szondi einen entscheidenden Hinweis, der diese Frage individual- und stammesgeschichtlich beantwortet: Das Bedürfnis nach Partizipation, der Wunsch, mit anderen Menschen «*eins* und *gleich*, *verwandt* und *vereinigt* zu sein» (1956: 35), geht auf die frühe Dualunion zwischen Mutter und Kind zurück. Das Kind versteht diese Beziehung noch nicht als Bindung, sondern erlebt sich und die Mutter als Einheit. Es erkennt die Mutter nicht als eigenständige Person und kann noch nicht zwischen Vorstellung und Wahrnehmung unterscheiden. Das Ich und damit auch das Selbst-Bewusstsein entstehen erst durch eine Krise, welche die Auflösung der Dualunion verlangt. Bezeichnender Weise geschieht dies durch ein Übermaß an Verschmelzung, denn der «Trennungsprozess zwischen Mutter und Kind wird in der Regel [...] dadurch eingeleitet, dass das Kind in die Brust der Mutter beißt, um sie sich im wahrsten Sinn des Wortes einzuverleiben» (Vogt 2013: 6). Der Urzustand der völligen Entgrenzung bedeutet also Ich-Losigkeit, durch die keine Entwicklung möglich ist. Aus dem Erwachsenenalter kennen wir dies als Bindungen, in denen Paare miteinander zu einer Einheit verschmelzen wollen. Sie scheitern daran, dass einer oder beide nicht in der Lage sind, sich alleine zu machen. Hierzu schreibt Szondi:

> Das menschliche Ich erträgt das Alleinsein nicht. Das Alleinsein ist aber ein Attribut des menschlichen Seins im Diesseits. Das Schicksal des menschlichen Alleinseins will das Ich durch den Partizipationsdrang, durch das Eins- und Gleichsein mit dem anderen in irgendeiner Weise abwehren, verändern (Szondi 1956: 410).

Szondi nennt verschiedene Abwehrformen: Der Mensch kann die Dualunion mit der Mutter und die fehlende Befriedigung des Partizipationsbedürfnisses erstens durch ein Suchtobjekt ersetzen. Er kann sie zweitens verdrängen, was zu neurotischem Verhalten führt. Er kann drittens diesen Mangel beheben, indem er sich die Welt wahnhaft neubildet, wie es für die Psychose charakteristisch ist. Er kann sich viertens eine transzendentale Subjektivitätswelt aufbauen, wie es im Bereich der Philosophie stattfindet – Szondi verweist hier beispielhaft auf das «Einklammern» der natürlichen Welt in der Phänomenologie Husserls. Oder er kann fünftens eine ersatzhafte Dualunion mit Gott und dem Heiligen Geist eingehen und wird gläubig (ebd.: 411). Dies entspricht Freuds Deutung des «ozeanischen Gefühls» in *Das Unbehagen in der*

Kultur (2004 [1930]: 31–40). Die gemeinsame Triebkraft dieser Abwehrformen besteht darin, dass sich die Menschen «*jenseits der Wirklichkeit* begeben, um dort endlich das Einssein zu erleben» (Szondi 1956: 411. Hervorhebung im Original). Für Szondi ist dies ein menschliches Grundproblem:

> Dieses Bedürfnis nach Teilnahme, nach Partizipation, wie wir Psychiater das nennen, ist dem Neugeborenen an der Mutterbrust erfüllt, doch erlaubt dem Menschen von hier und heute seine Kultur diese Befriedigung auf direkte Weise nie mehr. Auf alle möglichen Arten versucht der Mensch, von neuem zu der verlorenen, innigen Dualunion mit einer Mutter zu kommen – in der Ehe, im Beruf, mit geistigen Objekten, mit der Wissenschaft, der Kunst, der Politik. Oft aber auch mit bloßen Surrogaten eines echten geistigen Partners – mit dem Alkohol, dem Morphium, inhumanen Ideen. Da Partizipation Macht ist, die das Ich einem anderen verschenkt, sehe sich jeder Mensch vor, an wem er partizipiere. Durch eine un- oder gegenmenschliche Idee, an der wir partizipieren, können wir zugrunde gehen. Wir erlebten das in Deutschland und erleben es gegenwärtig am Beispiel des Kommunismus. [...] Daher behaupte ich, daß die Grundlage aller seelischen Störungen, der Geisteskrankheit, der Sucht und der Kriminalität, unbefriedigtes Partizipationsbedürfnis ist (Szondi zit. n. Gerster 1956: 39–41. Rechtschreibung im Original).

In traditionellen Gesellschaften ist die Trennung zwischen Subjekt und Objekt durch eine alles verbindende, mystische Urkraft – das *mana* oder *imunu* – aufgehoben. Diese durchdringt und verbindet Lebewesen und Dinge, kann gut oder böse wirksam werden (vgl. Szondi 1956: 166 f.). Nichts anderes sehen wir in *Star Wars* (1977), wenn dort von der «Macht» oder im englischen Original von «The Force» gesprochen wird, die alles Seiende umgibt und den Jedi-Rittern übermenschliche Fähigkeiten verleiht. Aus schicksalsanalytischer Perspektive sind die Offenbarungsreligionen ein Ersatz sowohl für die stammes- als auch die individualgeschichtliche Partizipation, deren Wegfall wir im 20. Jahrhundert wiederum durch massenmörderische Ideologien kompensieren.

Kino und Kult

Was hat all dies mit der Entstehung des Kinos zu tun, die uns hier beschäftigt? Wenn wir erneut die Epoche der Romantik betrachten, entdecken wir, wie sich hier Denkrichtungen mehrerer Jahrtausende miteinander verbinden oder gegeneinander abgrenzen und dadurch in eine Zuspitzung münden: Die kurze Epoche der Klassik hatte noch den Ausgleich der Kräfte im Sinn, wie Goethe es in seinem Sonett *Natur und Kunst* (1800) ausdrückt. Der Wegfall der Rückbindung, die Skepsis gegenüber einem ausschließlich vernunftgeleiteten Weltbild und die daraus entstehende Neugier auf psychologische Fragen drücken sich in der Romantik durch nächtliche, abseitige sowie traumhafte Sujets und Stimmungen aus, wie sie uns zum Beispiel in den Charakterstudien von E. T. A. Hoffmanns *Der Sandmann* (1816) oder Heinrich von Kleists *Die Marquise von O.* (1808) begegnen. Diese Innenschau hat ihre Wurzeln bereits im antiken Drama, wo mit der Selbstblendung des Ödipus der Blick erstmals von außen nach innen gerichtet wird. Durch Immanuel Kants *Kritik der reinen Vernunft* (1787) wird sie dann in der Philosophiegeschichte zum entscheidenden Paradigmenwechsel.

Wir können die Epoche der Romantik deshalb als frühen Grundstein für die Psychoanalyse und das Kino deuten. Sowohl die Wissenschaftsdisziplin als auch die Kunstgattung entstehen zwar im selben Zeitgeist, aber sie antworten unterschiedlich auf die drängenden Fragen und Probleme. Im ersten Fall entsteht daraus eine neue Heilkunst, im Zweiten eine heilende Kunst. Widmet sich Freud dem Seelischen als Gegenmodell zu einem materialistisch-physiologischen Weltbild und entwickelt daraus eine Kulturtheorie, reagiert das Kino viel direkter. Es verbindet bisherige Kunstformen zu etwas Neuem. Und es vereint dabei die «verlorenen Ichs» in einem archaischen Gemeinschaftserlebnis. Hier sind wir wieder bei der Endeinstellung in King Vidors *The Crowd* angelangt. Ian Breakwell und Paul Hammond haben dieser Erlebnisform mit *Seeing in the Dark* ein komplettes Buch gewidmet:

> ‹Alone in a crowd› is never so intense as at the movies, and never so open to sudden dislocation. It is the complex play between me, you, them, the film, the cinema building and the world outside that enables us, on occasion, to experience reality more completely, and as in dreams to see in the dark (1990: 8).

In *Avatar* (2009) entwickelt James Cameron das ausdrucksstarke Bild des *Tree of Souls*, der das kollektive Unbewusste der *Na'vi* verbindet und dadurch sogar heilende Kräfte freisetzt. Dies erinnert an Szondis Beschreibung der mystischen Urkraft in traditionellen Gesellschaften. Was hier auf den Gegensatz zwischen Kultur und Technokratie bezogen scheint und über weite Strecken wie eine Science-Fiction-Variante von Kevin Costners Historiendrama *Dances with Wolves* (1990) anmutet, kann auch als Metapher für die seelischen Dynamiken gedeutet werden, welche im Kinosaal ihre Wirkung entfalten.

John Boorman vergleicht das Filmerleben mit dem trancehaften Verwandlungskult traditioneller Gesellschaften (Boorman 2017 zit. n. Cinémathèque Française: o. S.). Zu dem gleichen Ergebnis kommen die Überlegungen Friedhelm Bellingroths. In Anlehnung an Szondis *Ich-Analyse* zieht er eine phylogenetische Verbindungslinie vom Kultischen zum Kino. Gemeinsam ist ihnen das Bedürfnis nach seelischer Verwandlung und Partizipation sowie die damit verbundene Wirkmacht der Bildvorstellung. In traditionellen Gesellschaften wird dies durch «das Anlegen einer Maske, die Übernahme einer Gebärde oder die Annahme eines neuen Namens» realisiert, mit denen der Träger in eine andere Rolle schlüpft (1958: 112). Hier wird bereits eine Parallele zur Schauspielkunst deutlich, auf die wir in Kapitel 5 näher eingehen. «In all diese Vorgänge», schreibt Bellingroth,

> […] spielt die Bildhaftigkeit der Auffassung stark hinein. Bildhaftigkeit meint dabei nicht nur das äußere Bild einer Götter- oder Dämonenmaske usw. Das ist nur die äußere Konkretion der an sich unräumlichen, innerseelisch wirksamen Bildwelt des ganzen dahinterstehenden Mythos (ebd.).

Im Gespräch Alfred Hitchcocks mit François Truffaut ist eine Anekdote erhalten, welche diesen Aspekt aufgreift. Auf Truffauts Feststellung, *Psycho* (1960) sei zur Hälfte ein Stummfilm, antwortet Hitchcock bezeichnender Weise: «Ich weiß nicht, ob Ihnen bekannt ist, dass in Thailand weder untertitelt noch synchronisiert wird. Dort lässt man einfach den Ton weg, und neben der Leinwand steht ein Mann, der alle Rollen des Films mit verschiedener Stimme spricht» (Truffaut 1992: 276). Eine bemerkenswerte Assoziation, denn sie erinnert an den Verwandlungskult traditioneller Gesellschaften und liefert dadurch ein treffendes Beispiel für die Verbindung von Film, Partizipation und Psychose. *Psycho* führt uns diesen Zusammenhang vor, denn Hitchcock überträgt hier das Verhältnis zwischen Zuschauerraum und Leinwand in die Geschichte selbst: Norman ist nichts anderes als ein Repräsentant für den Kinozuschauer. Im Akt des psychotischen Sehens identifizieren wir uns mit einem Psychotiker, der sich mit seiner Mutter identifiziert. Zunächst übersehen wir Normans problematische Anteile und sind dann umso betroffener, wenn uns die eigene Anlage zur Psychose vor Augen geführt wird. Plötzlich befinden wir uns in einem Bild von M. C. Escher, im Graubereich des *Neckerschen Würfels*, wo das Spiel von Abspaltung und Projektion aufgehoben ist. Ein noch radikalerer Angriff auf den Zuschauer ist kaum denkbar. Das Besondere ist, das Hitchcock dies nicht konstativ macht, sondern performativ: *Psycho* ist keine Geschichte über die Tücken der Wahrnehmung wie Akira Kurosawas *Rashōmon* (1950). Hitchcock verwendet die Dramaturgie, um den Zuschauer diesen Mechanismus erleben zu lassen. Er zeigt uns einen Metafilm, eine Reflexion über das Kino, welche das Medium bis an den Rand der Dekonstruktion treibt. Es ist die zugleich filmischste und afilmischste Erzählung. Das meint Hitchcock, wenn er Truffaut gegenüber äußert, Psycho gehöre den Filmemachern (ebd.: 276).

Vor diesem Hintergrund können Regisseure als moderne Schamanen betrachtet werden, wie Boorman nahelegt (a.a.O.). Oder um es mit den Worten Bellingroths auszudrücken: «Diese Verwandlungsfähigkeit ist im Film auch dem durchschnittlichen Zivilisationsmenschen in ähnlicher Weise wieder zurückgegeben» (a.a.O.). Wenn wir ins Kino gehen, machen wir also nichts anderes, als uns für einen begrenzten Zeitraum in eine frühere Entwicklungsstufe zurückzuversetzen, in der die Trennung zwischen Vorstellung und Wahrnehmung, Innen und Außen, Subjekt und Objekt sowie Individuum und Kollektiv vorübergehend wieder aufgehoben ist. Wir sprechen dabei auch von einer «Vorstellung» oder «Projektion». Denn der Lichtschein aus dem «Projektor», welcher die Filmbilder im Dunkeln auf die Leinwand wirft, wirkt so, als strahle unser Seelenleben mit seinen tiefsten Sehnsüchten und Nöten für alle sichtbar nach außen. Hier verbinden sich die Lust an der Selbstoffenbarung sowie das Bedürfnis nach Verschmelzung mit der Gemeinschaft zu einem Erlebnis, das uns mit den Rissen in unserer Individual- und Stammesentwicklung versöhnt. Die Psychoanalyse war eine neue Heilkunst. Der Film eine heilende Kunst. Und das Kino ein Schutzraum für die Zumutungen der Moderne. Dort sind wir für kurze Zeit wieder «eins, gleich und verwandt».

Wir können das Bedürfnis nach Verschmelzung zwar durch Religion, Ideologie, Philosophie, oder aber durch Sucht und Psychose ersetzen, wie Szondi erklärt. Der unmittelbare Zugang zur kollektiven wie zur individuellen Bildwelt ist uns außer im Kino jedoch nur noch in der Hypnose und im

Schlaf möglich. In den folgenden Abschnitten setzen wir uns deshalb sowohl mit dem Verhältnis zwischen Film und Realität als auch zwischen dem Traum und der «Traumfabrik» auseinander.

2.3 Film und Traum

Wenn es um die Beziehung zwischen Film und Traum geht, müssen wir noch einmal an die Mutterbrust zurückkehren. Denn eine der wichtigsten Untersuchungen zu diesem Thema ist Bertram David Lewins Theorie des *Dream Screens* (1946): Wenn der gesättigte Säugling in den Armen der Mutter einschläft, verschwimmt die Brust in seiner Wahrnehmung zu einer bildlosen Traumleinwand, die als «visuelle Erinnerungsspur» (Hamburger 2018: 292) in späteren Träumen und auch dem Filmerleben präsent ist:

> The dream screen, as I define it, is the surface on which a dream appears to be projected. It is the blank background, present in the dream though not necessarily seen, and the visually perceived action of ordinary manifest dream contents takes place on it or before it.
> [...]
> The baby's first sleep is without visual dream content. It follows oral satiety. Later hypnagogic events preceding sleep represent an incorporation of the breast (Isakower), those that follow occasionally may show the breast departing. The breast is represented in sleep by the dream screen (Lewin 1946: 420, 433).

Dieser Prozess ist von den gleichzeitigen Bedürfnissen nach Aktivität und Passivität geprägt. Der «Säugling» will sich die Mutter einverleiben, selbst von ihr verschlungen werden und schließlich in einen befriedigenden Schlaf versinken (vgl. Hamburger a. a O.). Hier erkennen wir einen entscheidenden Aspekt des Filmerlebens wieder: die Wechselwirkung von Projektion und Introjektion im seelischen Austausch mit den Filmfiguren. Diese erscheint nun als Weiterentwicklung, als Ersatz sowohl für die Verschmelzung in der Dualunion als auch für die früheste Form der Einverleibung. Diese findet erstens physisch über die Nahrungsaufnahme statt. Zweitens introjiziert das Kind «wie in einem Raubzug die komplette psychische Struktur der Eltern, ohne zwischen Gift und Nahrung zu unterscheiden» (Vogt 2013: 5). Diesen Vorgang finden wir in der Redewendung wieder, dass wir etwas «mit der Muttermilch einsaugen». Indem wir einen Film anschauen, kehren wir also zu frühesten Bedürfnissen und Erlebnissen zurück. Lewins Theorie erscheint umso plausibler, wenn wir uns den äußeren Prozess des Filmerlebens vor Augen führen: Der Gang ins Kino findet üblicher Weise abends statt. Wie im Schlafzimmer erlöscht das Licht, und die nährende Muttermilch wird durch Eis, Popcorn und Softdrinks ersetzt.

Friedhelm Bellingroth weist in Anlehnung an Hans Martin Sutermeister auf weitere Parallelen zwischen Film und Traum hin:

> Das auf der Leinwand vorüberziehende Bildgeschehen verändert für den fasziniert hinblickenden Zuschauer völlig dessen räumliche Auffassung, und zwar in einer Weise, die dem Raumerlebnis des Träumenden gleicht. Das Raumerlebnis wird in das Bildgeschehen der Leinwand hineingerissen, während der tatsächlich umgebende Kinoraum für den Zuschauer erlebnismäßig kaum oder gar nicht mehr existent ist.
>
> [...]
>
> So vermag ein spannender Film den Zuschauer richtiggehend zu ‹entrücken›: aus der räumlichen Umgebung, aus der Gebundenheit des alltäglichen Zeitablaufs und aus der Ichbezogenheit seiner Alltagserlebnisse. Wie sehr es angebracht ist, in diesem Zusammenhang von ‹Entrückung› zu sprechen, läßt sich auch daraus entnehmen, wie nach einem fesselnden Film rein erlebnismäßig beim Zurückfinden in die Wirklichkeit eine Phase der Benommenheit durchlaufen wird, die der Desorientierung beim Aufwachen aus einem intensiven Traum nicht unähnlich ist (1958: 109f. Rechtschreibung im Original).

Diese Verwandtschaft zwischen Film und Traum drückt sich auch in den gängigen Bezeichnungen für das Kino aus: Wir sprechen von der «Traumfabrik», und mit dem Satz «the stuff that dreams are made of» hat John Huston in *The Maltese Falcon* (1941) die wohl bekannteste Bezeichnung für den filmischen *MacGuffin* geprägt. Hier wird der Begriff «Traum» nicht als Teil des Schlafs, sondern als Metapher für unsere tiefsten Sehnsüchte verwendet. Szondis *Ich-Analyse* verbindet beide Aspekte, die wörtliche und die übertragene Bedeutung des «Träumens», miteinander. Zunächst weist Szondi auf eine Parallele, aber auch einen entscheidenden Unterschied zwischen Traum und Psychose hin:

> Der Wahn-Sinnige und der Traum-Sinnige sind in der Tat Nachbarn im Lande der Jenseitigkeit. Beide haben den Mut, die Fahrt über die Grenzen der natürlichen

Wirklichkeit zu wagen. Der Träumer kommt von dieser waghalsigen Fahrt einmal glücklich, einmal angstbeladen, aber immer zurück. Dem Wahnsinnigen gelingt dies nicht unbedingt. Er bleibt des öfteren der lebenslange Insasse des jenseitigen Landes (1956: 466. Rechtschreibung u. Hervorhebung im Original).

Szondi unterscheidet zwischen verschiedenen Traumtheorien: Den Monistischen bei Freud und Maeder, in denen Träume als Erfüllung infantiler sexueller Wünsche beziehungsweise als symbolische Selbstdarstellung der unbewussten psychischen Situation verstanden werden. Der dualistischen Theorie von Silberer, in der Träume nicht nur auf das Infantil-Sexuelle, sondern auch auf archaische, bildhafte Denkweisen zurückgreifen. Und schließlich den globalen Ganzheitstheorien des Traums. Hierzu gehört C. G. Jungs Kompensationstheorie, nach der Träume die jeweilige Bewusstseinslage symbolisch ergänzen, insbesondere «wenn sich das Bewußtsein in einer bestimmten Richtung mit Ausschließlichkeit einstellt und somit die vitalen Interessen der Person zu bedrohen vermag» (Jung 1948, S. 175 zit. n. Szondi 1956, S. 470. Rechtschreibung im Original). Diesen Ansatz entwickelt Szondi mit der Idee der *komplementären Ich- und Triebschicksale* weiter und formuliert seine «Komplementtheorie»:

> Der Traum ist ein innerer autogener Partizipationsversuch der vereinsamten Seele, mit sich selber eins zu werden. Das Finale in jedem Traum erachten wir darin, daß die im Wachen stets geteilte, ja sogar halbierte Persönlichkeit zur Nachtzeit im Träumen ihren verdrängten Teilen, den latenten und unterdrückten Ahnenfiguren, den verborgenen Archetypen ihres kollektiven Erbgutes, begegnen und für eine kurze Weile mit ihnen eins und gleich, verwandt und versöhnt werden kann (Szondi 1956: 466)

Diese Sichtweise drückt sich aus, wenn wir davon sprechen «unsere Träume zu verwirklichen».

«Wo gehn wir denn hin? Immer nach Hause.»

Der Märchenfilm *The Wizard of Oz* bietet uns ein anschauliches Beispiel für das Verhältnis zwischen Traum und Realität: Die kleine Dorothy (Judy Garland) wird durch einen Wirbelsturm aus ihrem grauen, in Schwarz-Weiß-Bildern gezeigten Alltag in die bunte Parallelwelt Oz katapultiert. Doch das

«Land über dem Regenbogen» ist nicht das Paradies, welches Dorothy herbeigesehnt hat. Hier sieht sie sich mit noch existenzielleren Gefahren konfrontiert. Und schon bald ist es ihr größter Wunsch, wieder nach Hause zurückzukehren. Um dieses Ziel zu erreichen, muss Dorothy eine böse Hexe besiegen, die ihr nach dem Leben trachtet. Das gelingt Dorothy nur mit der Unterstützung von Freunden – einer Vogelscheuche, einem Eisenmann und einem Löwen. Diese sind ebenfalls von einem Verlangen erfüllt: Die Vogelscheuche will Verstand haben, der Eisenmann sehnt sich nach einem Herz, und der Löwe wünscht sich Courage. Die Figuren verlangen also nach einer Ergänzung und Komplettierung ihres Wesens. Der Löwe scheint dabei doppelt gebrochen zu sein. Seine äußere Erscheinung von Kraft und Beherrschung wird durch ein von Angst beladenes Gemüt konterkariert. Die Finesse des Films liegt in der Erkenntnis der Figuren, dass ihr Verlangen sich bereits erfüllt hat: Die Vogelscheuche erweist sich durch ihre Handlungen als intelligent, der Eisenmann als hochsensibel, und der Löwe überwindet schließlich seine Angst, um Dorothy zu retten. Mit Szondi können wir sagen: Die seelische Drehbühne der Figuren wechselt im Laufe des Films vom Vorder- zum Hintergrundprofil und lässt so die verdrängten Bedürfnisse und Persönlichkeitsanteile wirksam werden.

Am Ende offenbaren sich die Abenteuer in Oz konsequenterweise als Traum, als zugespitzte Fiktion, die Dorothy dabei hilft, die Probleme in der realen Welt zu lösen. Ihre imaginäre Reise hat diese Probleme erst ins Bild gerückt, denn Dorothy erkennt, dass die Mitglieder ihrer Familie und ihre jeweiligen Schwächen in den Phantasiefiguren Vogelscheuche, Eisenmann und Löwe eine konturiertere, ganzheitliche Gestalt angenommen haben. Mit anderen Worten: Erst durch das Abbild, die Überzeichnung, werden die unbewussten Konflikte der Realität für Dorothy sichtbar. Einfacher und prägnanter lässt sich die Funktion der Filmdramaturgie kaum beschreiben. Dorothys Lehre «There's no place like home» kann also in doppeltem Sinn interpretiert werden: Als Erkenntnis, dass ihre Traumreise auf verdrängte Aspekte der Wirklichkeit verweist, und als Wunsch, diese Erkenntnis in die Realität zu integrieren. Wie im Traum, so suchen wir auch im Filmerleben nach der Vervollständigung unserer Innenwelt.

Das Frappierende an *The Wizard of Oz* ist, dass dieser Prozess nicht nur für die Hauptfigur und die Nebenprotagonisten, sondern auch für die Antagonistin gezeigt wird. Die Hexe erscheint zunächst als Abbild der bösen

Mrs. Gulch, die Dorothy in der realen Welt bedroht, denn beide werden von der Schauspielerin Margaret Hamilton verkörpert. Die Szene im Zauberschloss der Hexe macht aber deutlich, dass Dorothy sich in Wahrheit nicht vor Mrs. Gulch fürchtet, sondern dass die Hexe die seelischen Anteile repräsentiert, welche Dorothy aus der Wahrnehmung ihrer Tante abgespalten hat. Als sie in die Zauberkugel der Hexe schaut, erblickt Dorothy zunächst Aunt Emily, die aus der realen Welt nach ihr zu rufen scheint. Sie macht sich Sorgen, weil Dorothy im Wirbelsturm verloren ging. Das Schwarz-Weiß-Bild der Tante in der Zauberkugel wird daraufhin amorph und verwandelt sich schließlich in das bedrohliche Bild der Hexe, die Dorothy mit dem Tod bedroht. Dies wird noch durch einen Farbwechsel von schwarz-weiß zu rot und schließlich zum grünen Gesicht der Hexe unterstrichen. Die Zauberkugel erscheint somit als Kippfigur, die Dorothy das wahre, komplexe Wesen ihrer Tante vor Augen führt. Einen Hinweis darauf erhalten wir zu Beginn des Films, wo die Tante ihre problematische, empathielose Seite offenbart, indem sie taub bleibt für Dorothys Angst vor Mrs. Gulch. Das rote Aufblitzen der Kugel vor dem Wechsel in die Komplementärfarbe Grün markiert demnach den Punkt des Umspringens der Wahrnehmung. Bezeichnenderweise ergeben Komplementärfarben bei ihrer Mischung Grau – die Farbe, die Dorothys Realwelt markiert. Tante und Hexe können demnach als Aufspaltung in die «gute» und die «böse» Mutter gesehen werden, die Annette Brauerhoch in ihrer gleichnamigen Publikation thematisiert (1996). Etwas Ähnliches sehen wir in David Lynchs *Fire Walk with Me*, wenn Laura Palmer (Sheryl Lee) während ihrer Vergewaltigung durch die dämonische Figur Bob (Frank Silva) immer wieder die Frage stellt: «Wer bist du?». Da, wie bei Lynch üblich, die Trennung zwischen Vorstellung und Wahrnehmung bis an den Rand der Psychose aufgelöst ist, lautet die eigentliche Frage: Für wen stehst du? In einem Schockmoment dreht sich die Bühne auch hier, und Laura Palmer erkennt, dass Bob ein Bild für die dunkle, gefährliche Seite ihres Vaters ist, dessen Missbrauch sie verdrängt hat.

Zwischen Traum und Therapie

Wie können wir nun die Beziehung zwischen Film und Traum beschreiben? Im Gespräch mit André Labarthe macht Alfred Hitchcock am Beispiel von

North by Northwest (1959, französischer Verleihtitel: *Mort aux trousses*) eine aufschlussreiche Bemerkung zu diesem Verhältnis:

> Everything seems real in a dream. You are glad to wake up. [...] So you take a dream idea like Mort aux trousses, it's a nightmare [...], and you make it real. If I were making Mort aux trousses as a real nightmare, then it would be disjointed, it would not be a narrative, it would not be smooth. And the public would not understand (Hitchcock zit. n. André S. Labarthe 2000: o. S.).

Das Filmerleben nimmt also den Platz zwischen Traum und Wirklichkeit ein. Die Dunkelheit des Kinosaals gleicht dem Raumerleben am Saum des Schlafs. Das Körperliche ist hier wie im Schlaf und wie in der psychotherapeutischen Sitzung weitestgehend ausgeschaltet. Während wir träumen tritt – wie beim Filmerleben – die stellungnehmende Funktion des Seelischen, das Bewusstsein, in den Hintergrund. Am nächsten Morgen erwacht diese erneut, und wir versuchen zu verstehen, was uns die beglückenden oder bedrückenden Traumbilder «sagen» wollen.[4] Im Kino werden wir jedoch mit Bildern konfrontiert, die im Gegensatz zum Traum zusammenhängend und logisch sind. Wir Menschen verfügen über Seele und Geist, Emotion und Verstand. Der Verstand will verstehen und einordnen. Sowohl Träume als auch Filmbilder geben unseren Emotionen eine bewegte (engl. *motion* = Bewegung) und bewegende Gestalt. Das Medium Film verdichtet *universelle* seelische Konflikte zu *konkreten* Erzählungen, die im Unbewussten des Zuschauers *individuelle* Verwandlungsprozesse auslösen. Unsere tiefsten Sehnsüchte und Obsessionen werden beispielhaft abgebildet und durchgearbeitet, sodass wir die dargestellten Lösungsmuster – wie in der psychotherapeutischen Sitzung – auf unser Leben und Erleben übertragen können.

Durch das Beispiel des Protagonisten werden wir mit zwei widerstrebenden Werten, mit einer seelischen Krise konfrontiert, die entweder in Stagnation oder Weiterentwicklung mündet. Das Filmdrama wird zum Psychodrama, wie Bellingroth schreibt (1958: 128–138). Zunächst projizieren wir unsere inneren Bilder auf die Leinwandfiguren, und schließlich «verleiben» wir uns ihre seelische Struktur durch Gegenübertragung ein. Wir integrieren in unsere Selbsterzählung, was uns Kirk Douglas' *Spartacus* oder Joan Craw-

---

4   Hierdurch wird der Begriff der Sage deutlich (althochdeutsch = *Gesagtes, Erzähltes*).

fords *Mildred Pierce* vorgelebt haben. Der Unterschied zwischen Filmerleben und therapeutischer Situation liegt aber darin, dass die Gegenübertragung im Kino gleichsam automatisiert, nicht aus der Position eines (selbst-)beobachtenden Analytikers geschieht, und unsere bewusste Auseinandersetzung mit dem Gesehenen erst nach der «Projektion» beginnt. Der Film selbst ist hier der Analytiker, wie Andreas Hamburgers Überlegungen deutlich machen (2018: 67 f.).

Die Verwandtschaft zwischen Kino und Traum erklärt auch, warum Regisseure wie Hitchcock oder Siodmak, die ihre Arbeit in der Stummfilmzeit begannen, den Tonfilm eher als Einschränkung denn als Weiterentwicklung wahrnahmen. Denn die Einführung des Tons verringerte die visuelle Kraft der Bilder, rückte sie vom Traumhaften näher an das Reale. Entsprach der Stummfilm noch dem Traumerleben, so gleicht der Tonfilm dem Wachzustand. Das wirft die Frage auf, warum wir uns vom Stummfilm als Kunstform verabschiedet haben. Waren die reinen Gefühlsbilder zu übermächtig? Oder spiegelt sich in der kunstgeschichtlichen eine ideengeschichtliche Entwicklung wider, die bereits auf den selbstreflexiven Umbruch hindeutet, den Jean-Luc Godard mehr als eine Generation später mit seiner Filmkunst einleiten wird?

An diese Frage soll der nächste Abschnitt anknüpfen. Haben wir uns bislang mit der Wirkung des Films auf die Innenwelt seiner Zuschauer befasst, wenden wir den Blick nun nach außen und untersuchen, in welchem Verhältnis das Kino zu der Realität steht. Hierfür ist eine Vorüberlegung zu dem Unterschied zwischen Realität und Wirklichkeit entscheidend: «Realität ist [...] das, was auch ohne mein Denken da ist und weiterhin da sein wird. Die Wirklichkeit ist das, was in mir wirkt, weil ich mir ein inneres Bild davon mache», schreibt der Psychoanalytiker Rolf-Arno Wirtz (2010: 1).

2.4 Film und Realität

Franz Kafkas Erzählung *Auf der Galerie* (1919) zeigt uns ein prägnantes und zugleich erschreckendes Bild von dem Verhältnis zwischen Schein und Sein. Der Erzähler beobachtet eine Varietéveranstaltung, bei der eine Kunstreiterin unter den besorgten Blicken des Direktors und dem begeisterten Applaus des Publikums ihren halsbrecherischen Auftritt absolviert. Doch hinter der

Show, so legt die stille Verzweiflung des Erzählers nahe, verbirgt sich ein «erbarmungsloser» Unterhaltungsbetrieb, und auch die Beifall klatschenden Hände sind «eigentlich Dampfhämmer» (Kafka 1994 [1919]: 129). Bei Kafka ist die Wirklichkeit, die den Zuschauer ergreift, eine Inszenierung, eine Lüge, hinter der sich die «gebrechliche Einrichtung der Welt» verbirgt (Kleist 1993 [1810]).

Dieser pessimistische Blick auf das Showbusiness erinnert uns an Vincente Minellis *The Bad and the Beautiful* (1952) und an Joseph L. Mankiewicz' *All About Eve* (1950). Er lädt aber auch zu einem grundsätzlicheren Vergleich mit dem Kino ein, der für unsere Untersuchung spannend ist. Wenn es um Wahrhaftigkeit geht, wird der Dokumentarfilm üblicherweise mit dem Sein, der Spielfilm hingegen mit dem Schein verbunden. Doch ist die filmische Inszenierung per se eine Täuschung? Vergegenwärtigen wir uns die Pointe von Kafkas Erzählung: Es geht darum, die Wahrheit hinter der Wirklichkeit zu entdecken. Dass dies eine treffende Definition für den Spielfilm ist, wird deutlich, wenn wir den *Realismus* als künstlerischen Anspruch oder als Gattung von der *Realität* als seinem Sujet unterscheiden, und zwar unter zwei Aspekten: dem Visuellen und dem Erzählerischen.

Visuell

Das Medium Film funktioniert über die Imitation der Realität, denn es entspricht unserer natürlichen Wahrnehmung genauer als jedes andere. Das haptische Kino und das Geruchskino versuchen, fehlende Dimensionen zu ergänzen, um die Intensität des Filmerlebens noch zu steigern. Der Dokumentarfilm zeigt einen Ausschnitt der Realität, hat in der Regel reale Personen und ihre Geschichten zum Gegenstand. Der Spielfilm als fiktionale Variante ist aber nicht sein Gegenpart, sondern eine Weiterentwicklung. Er *zeigt* nicht die Realität, sondern er stellt durch Inszenierung, Kameraführung und den «unsichtbaren» Schnitt einen *Realitätseffekt* her. Durch die verschiedenen Einstellungsgrößen wird die Welt vor der Kamera in der *Auflösung* zunächst fragmentiert und schließlich in der *Montage* zu einem intensivierten Blick und Erleben neu zusammengesetzt. Dies ähnelt unserer natürlichen Wahrnehmung, denn obwohl wir unbewusst stets das «Ganze» sehen (Totale), fokussieren wir unseren Blick abwechselnd auf Details (Nahaufnahme).

Diesen Aspekt hat Hugo Münsterberg bereits vor 100 Jahren in *The Photoplay. A Psychological Study* eindrucksvoll herausgearbeitet. Er versteht die Darstellung des filmischen Raums durch verschiedene Einstellungsgrößen und Kamerabewegungen als Entsprechung der menschlichen Innenwelt (1996 [1916]: 83).

Visuell, in der Imitation unserer Wahrnehmung, wirkt der Spielfilm deshalb realistisch. Er ist zugleich vollkommen subjektiv, denn der Regisseur lenkt unseren Blick. Wir können auch sagen: Der Zuschauer macht sich den vorgegebenen Blick des Regisseurs, genauer gesagt: der handelnden Figuren, zu eigen. Die gesteigerte Form dessen sind Filme, die konsequent in der subjektiven Einstellung gedreht sind wie Robert Montgomerys *Lady in the Lake* (1947) oder der erste Teil von Delmer Daves *Dark Passage* (1947). Üblicherweise springt unser Blickwinkel aber hin und her, und wir nehmen zum Beispiel durch das Schuss-Gegenschuss-Verfahren abwechselnd die Perspektive verschiedener Figuren ein. Machen wir die Gegenprobe hierzu: Objektivität – das gilt auch für den Dokumentarfilm – würde in letzter Konsequenz bedeuten, ständig in einer Totale zu drehen, die Realität nicht durch die Kadrage zu fragmentieren. Im Vergleich zum Theater stellt der Film also ein subjektivierendes Verfahren dar. Das Ausschnitthafte im Spielfilm ermöglicht eine Zuspitzung und dadurch die emotionale Führung der Zuschauer. Deshalb ist es so schwierig, 360°-Aufnahmen szenisch zu nutzen.

Dies mutet zunächst widersprüchlich an: Die «Täuschung» des Spielfilms, sein Realitätseffekt, erscheint uns beim Betrachten echter, zieht uns tiefer in die Geschichte hinein als das Reale, das im Dokumentarfilm gezeigt wird. Denn dort werden wir auch visuell immer wieder daran erinnert, dass wir «nur einen Film» sehen, und bleiben in der emotional distanzierten Position des Beobachters. Zunächst können wir also festhalten: Der Dokumentarfilm ist realistisch durch sein Sujet, der Spielfilm wirkt real durch seine visuelle Erzählweise.

Erzählerisch

Dem erzählerischen Aspekt nähern wir uns durch Filme, die explizit an reale Ereignisse angelehnt sind. Denken wir beispielsweise an William Friedkins *The French Connection* (1971) als Adaption eines echten Kriminalfalls, an

Oliver Stones *Nixon* (1995) als Biopic oder an die zahlreichen Historien-, Kriegs- und Bibelfilme. Paradoxerweise entfernen sie sich oft gerade dort von der Realität – das heißt, sie werden historisch oder biografisch ungenau –, wo sie sich anstrengen, den handelnden Figuren emotional besonders nah zu kommen.

Friedkins Charnier in *The French Connection* hat nur noch wenig mit dem realen Gangster gemeinsam, er ist aber der perfekte Gegenpart zu dem Polizisten Doyle, der wiederum an den wirklichen Ermittler Eddie Egan angelehnt ist. Auf diese Weise vertauscht Friedkin die konventionellen Rollenmuster, und der Zuschauer erhält als Projektionsfläche eine visuell und psychologisch spannende Dichotomie, die der Erwartungshaltung widerspricht: Den kultivierten Verbrecher, der ein liebevoller Ehemann und Gourmet ist, auf der einen Seite sowie den rauen, schießwütigen Cop, der am Rande der Legalität agiert, auf der anderen. Mit diesem Erzählmuster war Friedkin so erfolgreich, dass er es in *To Live and Die in L. A.* (1985) wiederholte. Nehmen wir als weitere Beispiele Oliver Stones *JFK* (1991), der die realen Ereignisse um die Ermordung Kennedys dramaturgisch so umformt, dass sie einen «Gegenmythos» zur offiziellen Geschichtsschreibung bilden, oder die Fritz-Bauer-Filme zwischen 2014 und 2016, die versuchen, den Kampf des hessischen Generalstaatsanwalts gegen die Verdrängung der Naziverbrechen durch konstruierte Konflikte und Figuren deutlich zu machen, welche nur noch wenig mit der historischen Person Bauers zu tun haben.

Wir können also sagen: Das Bemühen um Wahrhaftigkeit wird hier durch die Gesetze der Dramaturgie zur Lüge. Denn Wahrhaftigkeit hat im Spielfilm nichts mit dem Tatsachenhaften zu tun. In der fiktionalen Adaption geht es nicht um den realen Nixon, den historischen Fritz Bauer oder um den French-Connection-Fall, wie er sich tatsächlich zugetragen hat, sondern um etwas, das *exemplarisch* an diesen Menschen und Ereignissen deutlich wird. Das Reale ist nur der Köder. «Realistisch» – im Sinne von glaubhaft – müssen die Figuren, ihre Handlungen sowie das Milieu sein, in dem sie sich bewegen, damit wir als Zuschauer dem Realitätseffekt erliegen und der Geschichte folgen.

Machen wir eine erneute Gegenprobe mit dem Genre des Dokudrama als Mischform. In Heinrich Breloers *Todesspiel* (1997) bilden die Spielszenen den Kern, der durch historisches Bildmaterial und Zeitzeugeninterviews ergänzt wird. Die Spielhandlung offenbart hier, was dokumentarisch nicht erfasst werden kann: Die Stimmung entscheidender Momente – wenn es um schwierige, folgenschwere Beschlüsse im Krisenstab geht, oder wenn deutlich werden soll, welchem Grauen die Geiseln der *Landshut*-Entführer ausgesetzt waren. Erst dadurch wird (die) Geschichte «lebendig». Wer bei den historischen Ereignissen nicht zugegen war, wem das *innere Erinnerungsbild* fehlt, dem reicht die bloße Beschreibung eines Interviews nicht aus, um sich emotional in die Situation hineinzuversetzen. Dies wäre das Gebiet der mündlichen Erzählung, wobei wir aber durch die Aufnahme des Berichtenden davon abgelenkt würden, innere Bilder in uns entstehen zu lassen. In diesem Fall brauchen wir die Induktionskraft des äußeren Bildes und der Projektionsfiguren.

Wenn es um den Unterschied zwischen Dokumentar- und Spielfilm geht, können wir in Anlehnung an Jean Baudrillards Zeichentheorie also auch sagen: Der Dokumentarfilm ist ein Simulakrum erster Ordnung, da er nach dem Äquivalenzprinzip funktioniert, ein «bloßes Abbild» des Realen darstellt. Der Spielfilm hingegen ist ein Simulakrum zweiter Ordnung, denn er strebt eine «identische Reproduktion» an (vgl. Blask 2002: 26f.). Als Beispiel für ein Simulakrum dritter Ordnung nennt Baudrillard in *Agonie des Realen* die Reality-Soap über die Familie Loud (1978: 44–51). Die Inszenierung wird hyperreal, indem sie vorgibt, dokumentarisch zu sein. Das ist die Form, die heute das Nachmittagsprogramm der deutschen Privatsender ausfüllt.

Vom Allgemeinen zum Überzeitlichen

In seinem Mammutinterview mit François Truffaut charakterisiert Alfred Hitchcock den Spielfilm als «Leben, aus dem man die langweiligen Momente herausgeschnitten hat» (Truffaut 1992: 91). Viele Film noir beginnen mit der Panoramaeinstellung einer Großstadt, um dann sprichwörtlich in eine konkrete Geschichte hinabzutauchen. Jules Dassins *The Naked City* (1948) führt uns dies in Perfektion vor: Der Film beginnt mit einem Gottesblick, einer Panoramaeinstellung von New York, wechselt dann zu dokumentarisch anmutenden Kurzportraits ihrer Bewohner, die in einer Totalen gedreht sind, und aus einem dieser Portraits heraus entwickelt sich die Hauptgeschichte. Dieser Blick von oben erinnert an Wolfgang Borcherts Erzählung *Liebe blaue graue Nacht.* Dort steht das lyrische Ich am Fenster und schaut in die nächtliche Stadt hinaus.

> Es bleibt offen, ob seine Beobachtungen real sind oder lediglich der Imagination entspringen. Doch der Erzähler überwindet seine Einsamkeit, indem er sich in die Nacht und zu ihren Menschen hinausträumt und die ganze Welt mit seiner Sehnsucht nach Gemeinschaft zu umarmen scheint (Schumacher 2013: 34).

Hier liefert Borchert ein treffendes, stimmungsvolles Bild für das menschliche Partizipationsbedürfnis. Auch die Panoramaeinstellungen am Anfang von *The Naked City* scheinen zu fragen: Wie geht es den Menschen da unten? Welche Schicksale verbergen sich in dem Getümmel auf den Straßen? Dann wird die Großstadt, um Victor Hugo zu zitieren, «in einem ihrer Atome studiert» (1991 [1862]: 599), und es folgt die konkrete Story. Am Ende steht dann wie in *A Bronx Tale* (1993) oft noch der Hinweis, dass dies nur eine von vielen Geschichten war. Hier werden wir wieder aus der konkreten Erzählung entlassen mit dem Verweis auf das Kollektive, auf die Beispielhaftigkeit des gerade Gesehenen. Mit anderen Worten: Die Eröffnungssequenz in *The Naked City* führt uns in wenigen Bildern vor, wie aus dem Dokumentarischen das Inszenierte als Apotheose hervorgeht. Am Schluss der Erzählung steht hier – im Gegensatz zu *A Bronx Tale* – eine melancholische Wendung: Von dem Mordfall, der über Tage hinweg die Großstadt in Atem hielt und ihre Bewohner zusammenrücken ließ, bleibt am Ende nur noch die Schlagzeile auf einer Zeitung übrig, die aus dem Rinnstein gefegt wird. Aus der vorübergehenden Gemeinschaft wird wieder Isolation. Die letzten Bilder zeigen die Protagonisten, die so einsam in die Ferne schauen wie die Figur in Borcherts Erzählung.

Greifen wir noch einmal unsere Ausgangshypothese auf und erweitern sie: Der Spielfilm offenbart das, was dokumentarisch nicht erfasst werden kann: Die *universelle* Wahrheit hinter der Realität. Seine Erzählungen sind also stets allegorisch. Diese Überlegung schlägt eine Brücke zu unserem nächsten Untersuchungsgegenstand.

3 Panoramashot: Das Kino als Kulturforschung

In dem vorangegangenen Kapitel haben wir untersucht, in welcher kunstgeschichtlichen Entwicklungslinie das Medium Film steht, welche seelischen Prozesse sich im Kinosaal entfalten und wie wir hier für einen begrenzten Zeitraum wieder in eine frühere Entwicklungsstufe abtauchen. Es ist der gleiche Mechanismus, der im Verwandlungskult traditioneller Gesellschaften zum Tragen kommt. Denn in beiden Fällen geht es um die Befriedigung des menschlichen Partizipationsbedürfnisses. Dies lässt sich durch Fernsehen, DVD und Streaming nicht nachahmen, geschweige denn ersetzen, weil dort die seelische Dynamik des speziellen Raum- und Gemeinschaftserlebnisses fehlt. In dieser Hinsicht wird das Kino im wahrsten Sinn des Wortes seiner Definition als Massenmedium gerecht. Die nächste Frage, die wir untersuchen werden, lautet: Wie lässt sich aus dem, was die Zuschauer fesseln und zur seelischen Verwandlung anregen soll, ableiten, welcher Zeitgeist, welche tragenden Vorstellungen zur Entstehungszeit eines Films vorherrschend waren?

In seinem Aufsatz zum Hitchcockschen Schnitt geht Slavoj Žižek auf den klassischen Film noir ein. Er stellt fest, dass unsere Haltung gegenüber Filmen wie *Criss Cross (1949)*, *The Big Sleep* (1946) oder *Out of the Past* (1947) «gespalten [ist] zwischen ironischer Distanz und Faszination» (2002: 54): Wir können uns einerseits nicht mehr mit den dargestellten Konflikten identifizieren, sind aber gleichzeitig «fasziniert vom Blick des mythischen, ‹naiven› Zuschauers, der ‹das noch ernst nehmen konnte›» (ebd.). Hier funktioniert Film wie eine Quellsprache: Beim Sprechen vollziehen wir permanent die komplette Kulturgeschichte nach. Denn «hinter jedem Wort [steht] eine tiefer liegende, die ursprüngliche Entstehung des Wortes begleitende Bedeutung», wie der Psychologe Jürgen Vogt erläutert (2008: 64).

Bei der Auseinandersetzung mit Kunst vergleichen wir «bewusst oder unbewusst die eigenen ‹Sehgewohnheiten› mit dem Zeitgeist oder der Seelenvorstellung, die im Buch, Film oder Gemälde Gestalt annimmt» (Schumacher 2008: 40) und setzen dies immer auch in Bezug zur kompletten Kulturgeschichte. Žižeks Beobachtung wirft aber weitere Fragen auf: Liegt die Ambivalenz von Distanz und Faszination lediglich in den *Geschichten* begründet, welche die Filme erzählen, beruht sie auf deren *Inszenierung*, oder reagieren wir auf eine Mischung aus beidem? Mit anderen Worten: Wodurch setzt sich der Ausdruckswert eines Films zusammen, der etwas über das Weltbild und die Konflikte seiner Entstehungszeit verrät? Das führt uns zu einer Frage nach der Filmproduktion: Sind neue Ausdrucksformen die Folge technischer Entwicklungen? Oder stellen Techniken wie CGI oder das Steadycamverfahren die Materialisierung eines gesteigerten Ausdrucksbedürfnisses dar?[5] Diese Überlegung haben wir bereits für die Entwicklung vom Stumm- zum Tonfilm angestellt.

Durch Erwin Panofskys Methode der *ikonologischen* Interpretation existiert in der Bildenden Kunst ein ideengeschichtlicher Zugang zu Kunstwerken,

> indem man jene zugrunde liegenden Prinzipien ermittelt, die die Grundeinstellung einer Nation, einer Epoche, einer Klasse, einer religiösen oder philosophischen Überzeugung enthüllen, modifiziert durch eine Persönlichkeit und verdichtet in einem einzigen Werk. Selbstredend manifestieren sich diese Prinzipien sowohl durch ‹Kompositionsmethoden› wie durch ‹ikonographische Bedeutung› und werfen daher auch ein Licht auf sie (Panofsky 1975 [1955]: 36–67).

Das Gleiche gilt für die Literaturwissenschaft. Die Belletristik schafft ein «zeitliches Überdauern von überlieferten Seelenzuständen und Ereignissen» (Schulte-Thoma 1995: 1). Hier geht es

> um die Frage nach dem Erzählenswerten, das heißt, um die Mitteilung von Ereignissen oder Zuständen, die eine Sinn-Deutung zulassen. Der Sinn des Erzählten verweist dabei zunächst auf ein allgemeines Lebensgefühl (eine Weltsicht), das der Leser *mit* dem Autor *teilen* kann. Dies ‹Erzählenswerte› überdauert Jahrhunderte, weil

---

5   Dieser Widerstreit zwischen einer materialistischen und einer idealistischen Auffassung erinnert an die beiden großen Antipoden in der Evolutionsbiologie, Charles Darwin und Jean-Baptiste Lamarck. Im Darwinismus beruht die Ausdifferenzierung der Lebensvielfalt auf reinem Zufall, bei Lamarck ist sie Ausdruck eines Willens.

die Sinn-Aussage einen Kern enthält, der zu jeder Zeit gültig, genauer gesagt, erfassbar bleibt (ebd.).

Wenn wir uns beispielsweise Kurt Pinthus' Anthologie der expressionistischen Lyrik (2001 [1920]) ansehen, stellen wir fest, dass die Gedichte bis 1914 von einer Sehnsucht nach Aufbruch und Veränderung geprägt sind. Man kann den nahenden Krieg in den Versen der Dichter beinah schmecken. Dieser erscheint als reinigendes Gewitter, das die Verkrustungen der wilhelminischen Zeit hinwegspülen soll:

> Vorwärts, in Blick und Blut die Schlacht, mit vorgehaltnem Zügel.
> Vielleicht würden uns am Abend Siegesmärsche umstreichen,
> Vielleicht lägen wir irgendwo ausgestreckt unter Leichen.
> Aber vor dem Verraffen und vor dem Versinken
> Würden unsre Augen sich an Welt und Sonne satt und glühend trinken.
> *Ernst Stadler: Der Aufbruch (1914)*

Nachdem die Künstler das wahre Gesicht des Krieges gesehen und die Erfahrung gemacht haben, dass einige ihrer Zeitgenossen, durch Verwundungen schwer gezeichnet, aus den Schützengräbern zurückkehrten, und andere wie Ernst Stadler oder der Maler Franz Marc dort starben, ändert sich der Ton der Lyrik. Plötzlich wird sie religiös und preist wie Yvan Golls gleichnamiges Gedicht die Schöpfung:

> Rosa Meere
> Leuchteten im Frühling ihrer Wellen,
> Rauschende Palmen stiegen,
> An den Korallen reiften
> Die Sternenfrüchte.
> [...]
> Und die blauen Hämmer des Geistes
> Und die Flöten der Engel
> Schollen um den entzündeten Himmel.

Diese Ansätze aus Literatur und Bildender Kunst erinnern an Siegfried Kracauers Abhandlung *Von Caligari zu Hitler*. Darin versucht er, aus den deutschen Filmen zwischen 1918 und 1933 die kollektiven «tiefenpsychologischen Dispositionen» herauszuarbeiten, die zur Entstehung des Nationalsozialismus geführt haben (1999 [1947]: 7). Seine Arbeitshypothese lautet: «Die Filme einer Nation reflektieren ihre Mentalität unvermittelter als andere künstlerische Medien» (ebd.: 11).

Hier sind wir auf dem Gebiet der Psychohistorie. Sie setzt sich mit der seelischen Dynamik hinter historischen Ereignissen auseinander. Dadurch wird die verborgene Seite der Geschichte sichtbar: Die tragenden Ideen, aber auch die seelischen Ausklammerungen, welche dann entweder als lange Ruhephasen oder als plötzliche Umbrüche, zum Beispiel in der Form von Revolutionen, in Erscheinung treten.

«Geschichtswissenschaft und Psychologie stehen sich fremd gegenüber», schreibt Ludwig Janus:

> Im Mittelalter war sie noch Heilsgeschichte, dann im 19. Jahrhundert wesentlich noch Herrschergeschichte und im 20. Jahrhundert auch Sozialgeschichte. Aber psychologische Gesichtspunkte spielten bisher kaum oder nur marginal eine Rolle (2008: 13).

Wenn wir Kracauers Methode aufgreifen und fortschreiben, sind wir jedoch in der Lage, das Kino als psychohistorische Quelle zu nutzen. Auf diese Weise erhalten wir nicht nur einen Zugang zu Denkmustern der Gegenwart und der Vergangenheit, sondern wir können auch analysieren, auf welche kommenden Entwicklungen wir als Gemeinschaft zusteuern.

In den letzten Jahren ist das Blockbusterkino durch eine Dominanz von Superheldengeschichten geprägt gewesen, die in den meisten Fällen Verfilmungen von Comicstoffen waren. Viele Filmschaffende und Kritiker betrachten dies als Berechnung, die darauf abzielt, Zuschauer durch eine bildgewaltige Mischung aus Action und Fantasy in die Kinosäle zu locken, vor allem angesichts des Erfolgs von Serien wie *Breaking Bad (2008–2013)*, *Narcos (2015–2017)* oder *House of Cards (2013–2018)*. Diese Deutung übersieht aber, dass solche Filme auch eine gesellschaftliche Tendenz beschreiben. Räumen wir «populären Motiven der Leinwand» ein, «daß sie herrschende Massenbedürfnisse befriedigen» (Kracauer a.a.O.), dann drücken die comichaften Helden und ihr Kampf gegen das «Böse» eine tiefe Sehnsucht nach Religion und Orientierung aus. Denn wie der Psychologe Jürgen Vogt anhand der weltweit wohl populärsten Zeichentrickfigur *Mickey Mouse* beschreibt, liegt die Faszination der Comics darin begründet, wie sie Urängste und -wünsche verarbeiten, die für das Entstehen von Religion grundlegend sind:

> Sie kämpft gegen das ‹Böse›, sie ist sehr verwundbar, sie ersteht permanent wieder auf und ist unsterblich, sie ist asexuell / ungeschlechtlich / zeugungsunfähig, und sie ist nicht von dieser Welt (ein vermenschlichtes Tier). Sie ist der kindliche (und auch erwachsene) Repräsentant unserer westlichen Idealvorstellung des Kämpfers gegen das Böse und bringt somit alle Voraussetzungen mit, um zur Kultfigur zu werden. Die Kinder ‹beten› sie an. [...] Die momentane amerikanische Philosophie beruft sich auf diese Haltung, wobei klar ist – und auch nicht mehr hinterfragt werden darf – wer das Böse ist (2003: 6).

In *Erlebniswelt Kino* beschreibt der Morphologe Dirk Blothner durch einen Vergleich zwischen Mike Nichols' *The Graduate* (1967) und Quentin Tarantinos *Jackie Brown* (1997) den Kulturwandel, der sich innerhalb einer Generation vollzogen hat: Waren die Sechzigerjahre noch von einer Aufbruchstimmung und dem Bedürfnis nach Revolte gegen ein erstarrtes Normgerüst geprägt, kommt es am Ende des letzten Jahrhunderts zu einer Gegenbewegung. Die Anfangseinstellung von *Jackie Brown* zitiert zwar noch den Vorgängerfilm, doch dann springt die Drehbühne um und die Konflikte werden auf den Kopf gestellt: Kündet *The Graduate* von einem Wunsch nach Entgrenzung, drückt Tarantinos Film die tiefe Sehnsucht nach Stabilität und Orientierung in einem unüberschaubaren Pluralismus von Lebensformen und Identitätsangeboten aus.

Sowohl der Vergleich dieser Filme als auch das Superheldenkino der letzten Dekade, von *Spider-Man* (2002) bis *Avengers: Endgame* (2019), zeigen, dass wir auf dem Scheitelpunkt einer Entwicklung angekommen sind. Der simplifizierte, aber bombastische Kampf des «Guten» gegen das «Böse» weist bereits Jahre vorher auf die Ängste der Trump-Ära und die damit verbundene Sehnsucht nach Orientierung und eindeutigen Identifikationsangeboten hin. Auch die Morphologen sprechen vom Kino als einem «Planetarium der Kultur» (Blothner 1993: o. S.), in dem «noch unausgeformte oder revoltierende kulturelle Strömungen in Bilder gefaßt werden» (ders. 1999: 220. Rechtschreibung im Original).

Wir können hier nicht für die komplette Filmgeschichte, für alle Kontinente und quer durch sämtliche Genres erörtern, was uns die einzelnen Filme über ihre jeweilige Entstehungszeit verraten, und wie sich dies im Lauf der Zeit verändert hat. Dazu muss es eigene Untersuchungen geben. Wheeler Winston Dixon (2006) und Murray Pomerance (2005) haben dies für das US-amerikanische Kino der 1940er beziehungsweise 1950er-Jahre getan, Edward Dimendberg für den Film noir (2004). Henry Taylor hat es für das Genre des Paranoiafilms vorgeführt (2018). Wir können auch untersuchen, wie sich unser Blick auf Sexualität und Bindungen im Liebesfilm entwickelt oder welche Ängste und Bedürfnisse sich im Horrorfilm widerspiegeln. Dort beobachten wir eine zunehmende Lust am Sadismus und der Quälerei, die an Filmen wie *Saw* (2004), *Hostel* (2005) oder *Martyrs* (2008) deutlich wird. Es wäre auch lohnenswert, unter diesem Aspekt die Quelle der Düsternis zu untersuchen, welche am Ende des letzten Jahrtausends weltweit in die Kinosäle einzog, mit völlig unterschiedlichen Filmen von *Festen* (1998) bis zu *American Beauty* (1999). Wiesen sie unbewusst bereits auf den globalen Umbruch nach dem 11. September 2001 hin?

In diesem Kapitel soll es aber darum gehen, die *Grundlagen* für eine psychohistorische Betrachtung des Kinos zu beschreiben. Verschiedene Ansätze, von der Morphologie über die Psychohistorie bis zur Schicksalsanalyse Leopold Szondis, werden miteinander verbunden, um einen Weg aufzuzeigen, das Kino als Quelle für die Kulturanalyse zu nutzen.

3.1 Festlegen, auflösen, neufügen

Das Gegenteil von Zukunft ist Herkunft. Wollen wir die tragenden Ideen unserer heutigen Kultur verstehen, müssen wir möglichst weit in die Geschichte zurückblicken. Dann treten Entwicklungslinien zutage, und es wird deutlich, wie bestimmte Grundideen und Konflikte in Umformungen und Verstellungen oder durch Gegenbewegungen weitergewirkt haben. Hegels Geschichtsverständnis, Foucaults *Archäologie des Wissens* (1973) oder Adornos und Horkheimers Feststellung, dass Aufklärung stets in den Mythos zurückfällt – sie alle versuchen, in verschiedenen Epochen und aus unterschiedlichen Denkrichtungen kommend, den stetigen Wandel der Geschichte fassbar und nachvollziehbar zu machen. Wenn wir den psychohistorischen Ansatz wählen, erkennen wir zum Beispiel in der Informationsgesellschaft die Befriedigung uralter Bedürfnisse: Unserer atavistischen Urangst vor der spurenlosen Auslöschung aus dem Kosmos, welche im Ägypten der Pharaonen die höchste Strafe war, haben wir heute die ewige *Facebook*-Timeline entgegengesetzt. Und der alttestamentarische Ruf Gottes findet nun über das Smartphone statt, wodurch wir unabhängig davon sind, ob wir selbst gerufen oder ob unsere Rufe beantwortet werden. Das ist der Begriff von Freiheit, den uns die Informatik anbietet.

Geht es um Literatur und Film, müssen wir zunächst zwischen *Geschichten* und *Erzählungen* unterscheiden: Bei einer Geschichte geht es um das *Was*, das universelle Thema und seine Entwicklung. Die Erzählung hingegen ist das *Wie*, die Form, in welcher eine Geschichte dargeboten wird (vgl. Kellermann 2018: 31). Geschichten sind fortdauernd: Über die Jahrtausende hinweg setzen wir Menschen uns immer wieder mit denselben existenziellen Fragen auseinander. Erzählungen hingegen sind von einem Gestaltwandel geprägt: Die Perspektive, aus der wir unser Selbstverständnis ausdrücken und mit Werten belegen, ändert sich mit unserer kulturellen Entwicklung. Dies geht einher mit der Entstehung neuer Kunstformen oder Medien. Dadurch werden unbewusste Denkmuster sichtbar, die psychohistorische Rückschlüsse zulassen: Zu welchem Zeitpunkt wird eine tragende Erzählung durch eine andere abgelöst und warum? Durch diese Definition wird deutlich, dass sich der Sinn von Geschichte nicht nur aus ihren Geschichten, sondern vor allem aus den jeweiligen Erzählungen ergibt, durch die Art und den Blickwinkel, aus dem wir auf die grundlegenden Fragen der Menschheit und des Menschseins schauen.

Die psychologische Erklärung dafür lautet: Das menschliche Denken neigt einerseits zu Festlegungen und hält eine zu große Beliebigkeit nicht aus. Es kennt aber auch kein Ende und keine «Gleich-Gültigkeit», sondern es ist ein Fließprozess, der nach Verwandlung strebt, wie Hermann-Josef Berk erläutert:

> Dies verweist auf die zweite Seite der Geschichte, auf die Seite, auf der das Seelische nicht nur einem Etwas folgen, sondern etwas verstehen will. ‹Verstehen› ist kein einfacher Vorgang. Verstehen ist ein hermeneutischer Vorgang: Die eigene Existenzerfahrung wird in einer die Vergangenheit hereinholenden Zeit in einer Auslegung, einer ‹Deutung› neu gefügt. Dieses ‹Neu-Fügen› ist mit einer eminenten Lustprämie, einer Beglückung versehen, für die es sich zu leben lohnt. Dieses Neu-fügen ist ‹Sinn machen›. Sinn machen ist die Vergewisserung, dass es Leben tatsächlich gibt. Die selbstverständliche Anerkennung der Deutungsbedürftigkeit von allem ist der Antipode zur Automatik. […] Man muss es sich vorstellen wie eine mit dem Erwa-

chen der Menschheit angelaufene Ordnungs- und Bewertungsmeditation, an der wir für die Dauer unseres Lebens teilnehmen (2007: 140, 143).

Richard Adams' *Watership Down* (1972) führt uns diesen seelischen Prozess in wunderschönen Bildern vor. Der Film zeigt uns dies, anstatt es auszusprechen, indem er Figuren und Landschaften im Prolog und Epilog des Films sowie in den Visionen des Kaninchens Fiver wiederholt auflöst, um sie zu neuen Gestalten zu formen. Der eigentlichen Handlung ist ein Mythos vorangestellt, der an die Schöpfungsgeschichte der Bibel erinnert. Die dann folgende Hauptgeschichte der Kaninchensippe handelt davon, wie sie aus ihrem Paradies vertrieben wird und eine neue Heimat finden muss. Am Ende der anstrengenden und gefährlichen Reise stirbt das Kaninchen Hazel, um aus dem Jenseits heraus über seine Nachkommen zu wachen. Denn trotz eines vorübergehenden Friedens sind sie auch in Zukunft durch ihre Feinde aus der Tierwelt bedroht und müssen dem Tod durch ihre Wachsamkeit, Wendigkeit und Schnelligkeit entkommen. Leben heißt Lernen, um einen neuen und erweiterten Blick auf die existenziellen Fragen zu erschaffen.

Der Kreislauf von festlegen, auflösen und neufügen spiegelt sich in den Epochen der Kunst wider, zum Beispiel in der Musikgeschichte: Indem Wagner durch die ersten Akkorde seiner *Tristan*-Ouvertüre mit den bisherigen Regeln der Komposition bricht, läutet er eine befreiende Revolution ein. Die neue Möglichkeit, Tonfolgen «aufzulösen», führt schließlich zur atonalen Musik, wie wir es in Schönbergs *Verklärte Nacht* hören können. Doch diese Grenzenlosigkeit war nicht lange aushaltbar, und Schönberg selbst führt mit seiner Zwölftontechnik schließlich ein neues «Ordnungsprinzip für die Freiheit» ein.

3.2 Kultur als kollektives Erwachsenwerden

Die Psychohistorie versucht, Regeln für den Kreislauf von Festlegung und Auflösung zu beschreiben. Sie versteht die Geschichte der Menschheit als fortschreitenden Prozess von einem traumartigen und projektiven Zustand, der sowohl dem Entwicklungsstand der frühen Kindheit als auch dem Denken traditioneller Kulturen entspricht, wie wir es im vorangegangenen Kapitel in Bezug auf die Filmwirkung untersucht haben, hin zu einem reflektiven

Bewusstseinszustand, der Selbsterkenntnis und Verständigung zwischen den Menschen ermöglicht (vgl. Janus 2008). Hier sind wir erneut bei der Entwicklung vom Stummfilm zum Tonfilm, die wir nun aus einer psychohistorischen Perspektive erklären können. So, wie es auch Literatur und Malerei tun, bildet die Entwicklung der Filmkunst unsere Kulturgeschichte, das «Erwachen» der Menschheit, nach.

Lloyd DeMause hat die Pionierarbeit für das psychohistorische Denken geleistet. Er geht davon aus, dass unsere kulturelle Weiterentwicklung als Kollektiv erst dadurch möglich wurde, dass wir die Kindheit als sensible Entwicklungsphase verstanden haben, welche einen besonderen Schutz verlangt:

> Die Evolution der Eltern-Kind-Beziehung stellt eine eigenständige Quelle historischer Veränderung dar. Der Ursprung dieser Evolution liegt in der Fähigkeit aufeinanderfolgender Generationen von Eltern, auf das psychische Alter ihrer Kinder zu regredieren und die Ängste dieses Alters, wenn sie ihnen das zweite Mal begegnen, besser durchzuarbeiten als in ihrer eigenen Kindheit. [...] Insofern psychische Strukturen immer durch den schmalen Trichter der Kindheit von einer Generation an die nächste weitergegeben werden müssen, sind die Praktiken der Kindeserziehung in einer Gesellschaft nicht bloß ein Eintrag neben anderen in einer Liste kultureller Merkmale. Sie sind vielmehr die Bedingung von Weitergabe und Entwicklung aller anderen kulturellen Elemente und ziehen definitive Grenzen, was in allen anderen Bereichen der Geschichte erreicht werden kann (DeMause 2000 [1973]: 18f.).

Unserer Stammesentwicklung von der Projektion zur Introspektion musste also die Ablösung projektiver und reversiver Reaktionen der Eltern gegenüber ihren Kindern durch Empathie vorausgehen (ebd.: 25). Diese Feststellung DeMauses beweist den Weitblick von Neil Postman, der das *Verschwinden der Kindheit* (1997 [1982]) als Schutzraum in direkten Zusammenhang bringt mit dem Fehlen einer Selbsterzählung, die uns ein Selbstverständnis und eine Orientierung als Gemeinschaft verleiht (1999).

Die psychohistorische Untersuchung kultureller Selbstzeugnisse, zu denen Bildende Kunst und Literatur genauso zählen wie der Film, richtet ihren Blick deshalb immer auf das, was diese Bilder und Erzählungen über den seelischen Entwicklungsstand einer Gemeinschaft offenbaren. Ludwig Janus zeigt dies in beeindruckender Weise für Homers *Ilias*, die gleichsam den Ausgangspunkt der europäischen Literatur bildet (2020: 5f.). Die Helden des Mythos wie Achill, die impulsiv handeln und reagieren, welche die Götter verzweifelt anrufen, durch Eingebungen von ihnen gesteuert sowie durch magische Eingriffe der Götter gerettet oder aber vernichtet werden, deutet Janus als Abbild der frühen Eltern-Kind-Beziehung. Hier offenbart sich das Weltbild der griechischen Antike, wie wir es in Kapitel 2 umrissen haben, und das wir nun psychohistorisch ergänzen können: Die Vorstellung, dass die Götter greifbar unter den Menschen wohnen, entspricht dem Erleben der frühkindlichen Dualunion. Die mittelalterliche Idee, dass Gott, weit entfernt, über uns wacht und wir ihm Rechenschaft über unser Leben schuldig sind, gleicht der Ablösung aus der Dualunion und der Herausbildung des Ich als steuernder Instanz. Beginnend mit der Neuzeit über die Epoche der Romantik bis hin zur Moderne befreien wir uns von der Übermacht der Eltern und setzen uns mit der eigenen Innerlichkeit und unserer Eigenständigkeit in der Welt auseinander.

Hier wird eine faszinierende Parallele zwischen der Menschheits- und der Kinogeschichte deutlich. Leopold Szondi zeigt, dass sich in den Phasen der Individualentwicklung unsere Stammesgeschichte im Zeitraffer wiederholt: Entsprach der Moment der Zeugung dem Urknall, so führte uns die Geburt vom Wasser ans Land. Durch die Auflösung der Dualunion mit der Mutter ließen wir den psychotischen Zustand des Einsseins mit der Welt hinter uns, wie er in traditionellen Kulturen vorherrscht. Die Entwicklung der Sprache führte in unserer Individual- und unserer Stammesentwicklung dazu, aus dem unartikulierten Schreien und Wüten schließlich einen feinsinnigeren Ausdruck, gegenseitige Verständigung, die Wissenschaft und als höchste Form den Gesang und die Poesie zu erschaffen. Um es mit dem berühmten Satz von Freud auszudrücken: «Wo Es war, soll Ich werden» (1933). Durch den psychohistorischen Blickwinkel verstehen wir unsere Stammesentwicklung als «kollektives Erwachsenwerden». Diese Entwicklung verläuft aber nicht nur geradlinig, sondern sie weist auch gefährliche Rückschritte auf, wie es Kriege oder der Nationalsozialismus gewesen sind.[6]

Vor diesem Hintergrund begreifen wir unsere kulturellen Selbsterzählungen als Zeugnisse, man könnte auch sagen: als Tagebuch dieser Entwicklung. Hier drücken sich die unbewussten Dynamiken der Geschichte aus.

---

6   Dies beantwortet Theodor W. Adornos und Max Horkheimers Ausgangsfrage ihrer *Dialektik der Aufklärung*, in der sich die Soziologen darüber wundern, warum die Aufklärung immer wieder in den Mythos umschlägt.

Ludwig Janus spricht deshalb von der «Kultur als Inszenierung des Unbewussten» (ebd.: 19). Das bedeutet, sie hat den gleichen Stellenwert, wie ihn andere historische Dokumente für sich beanspruchen. Janus zitiert in seiner Besprechung der *Ilias* Julian Jaynes, der

> überzeugend ausgeführt [hat], wie einseitig und unvollständig die literaturwissenschaftliche Erfassung des Textes ist, indem sie das ganze Geschehen als eine Art poetische Vision darstellt, die dann in einer intellektuellen Weise kartographiert wird: «Es besteht also keinerlei Zweifel hinsichtlich des historischen Substrates der Dichtung. Die ‹Ilias› ist keine Literatur – wenn man unter Literatur das Resultat einer aus sich selber schöpfenden Einbildungskraft versteht – sie ist ein Stück Geschichte und Geschichtsschreibung der mykenisch-ägäischen Periode.» (Jaynes 1993: 99 zit. n. Janus a.a.O.).

Mit dem Blickwinkel der Psychohistorie sind wir in der Lage, unser Verständnis des Filmerlebens nochmals zu erweitern. Mit Bertram D. Lewins Konzept des *Dream Screens* haben wir die Mutterbrust als Quelle des Kinos besprochen. Da die Psychohistorie die pränatale Psychologie als grundlegend für ihre Erkenntnisse ansieht, rückt nun eine noch frühere Entwicklungsphase in das Blickfeld, und es wird deutlich, welche Rolle das vorgeburtliche, perinatale und vorsprachliche Erleben für die Kulturanalyse spielen. Bezugnehmend auf den Anthropologen Adolf Portmann (1969), weist Janus auf die «physiologische Frühgeburtlichkeit» des Menschen hin:

> Wegen des aufrechten Ganges, der dadurch bedingten Enge des Beckens einerseits und der Größe des Kopfes andererseits, wurde als biologischer Kompromiss in der Evolution die Zeit der Schwangerschaft von ca. 21 Monaten auf 9 Monate verkürzt, um überhaupt eine Geburt zu ermöglichen.
> [...]
> Der entscheidende Gesichtspunkt ist der, dass die extreme Hilflosigkeit durch eine starke Bindungsbereitschaft von Kind und Eltern kompensiert wird. Hierdurch wird ein innerlicher Beziehungsraum zwischen Eltern und Kindern entfaltet, wie er für den Homo sapiens typisch ist und [der] ihn von anderen Primaten unterscheidet. Dieser Beziehungsraum ist für das Kind ein Ergänzungsraum, der den uterinen Schutzraum ersetzt. Aus diesem Raum heraus entfaltet sich menschliche Kultur, insofern sie analoge Ersatz- und Schutzräume erfindet und anbietet.
> [...]

> Aus diesen Bedingungen heraus bezieht sich der Homo sapiens immer auf zwei Räume, den Realraum und gleichzeitig den mythischen Raum vorgeburtlicher und nachgeburtlicher Gefühle (2008: 15 f.).

Hier wird eine entscheidende Parallele zur Schicksalsanalyse deutlich: Geht Szondi davon aus, dass wir im Erwachsenenleben stets darum ringen, durch Partizipation einen Ersatz für die verlorengegangene Dualunion mit der Mutter zu finden, weitet die Psychohistorie den Blick aus und versteht Kultur als Wiederherstellung des uterinen, perinatalen und vorsprachlichen Erlebens, um das Missverhältnis zwischen Mensch und Welt doch noch passend zu machen (vgl. ebd.: 22 f.). Ob Höhle, Kirche oder Eigentumswohnung – wir rekonstruieren unbewusst immer wieder unseren ursprünglichen Schutzraum und stoßen dadurch die kulturelle Evolution an. «Man könnte es auch so ausdrücken», schreibt Ludwig Janus,

> dass der biologische Mangel eine Hypertrophie von Sicherungsbedürfnissen und Allmachtsphantasien schafft, die die aus unserem Primatenerbe vorgegebenen affektiven und kognitiven Möglichkeiten auf das Äußerste herausfordert und die kulturellen und technischen Inszenierungen schafft, die uns dann als jeweils Nachgeborene als eine scheinbare Realität entgegentreten und Ausgangspunkt der Entwürfe und Inszenierungen der jeweils neuen Generation sind.
> [...]
> Wir leben gewissermaßen in den inszenierten Träumen unserer Vorfahren, die gleichzeitig unsere tiefsten Wünsche aus der vorsprachlichen Zeit zu befriedigen scheinen, sodass wir uns in einem geheimnisvollen Weltinnenraum zu befinden wähnen (ebd.: 58 ff.).[7]

Dies bestätigt unsere Ausgangsthese, dass menschliche Grundbedürfnisse und -konflikte im Laufe der Geschichte in immer neuen kulturellen Inszenierungen einen Ausdruck finden und dadurch etwas über den seelischen Entwicklungsstand einer Gemeinschaft offenbaren. So erkennen wir in der Steuer eine moderne Form des Opferrituals (vgl. ebd.: 73) und im Karneval eine kollektive Reinszenierung intrauterinen Glücks, wie Hermann-Josef Berk er-

---

7 Diesen Aspekt finden wir auch im Innen-Außen-Bezug der Architektur wieder, zum Beispiel in der Akademie Mont-Cenis, wo innenliegende Gebäudeteile, Pflanzen und ein Wasserlauf von einem Glaskörper umhüllt sind, sodass sich der Besucher gleichzeitig innerhalb und außerhalb des Gebäudes fühlt.

klärt: «Alles, was der Kölner zur Karnevalszeit tut, macht auch das Kind im Mutterleib. Es trinkt und schunkelt den ganzen Tag, umgeben von Wärme und pulsierenden Herzschlag-Rhythmen» (SZ Magazin 2015: o. S.). Dieser seelische Mechanismus gilt aber nicht nur für beglückendes Brauchtum, sondern auch für Kriege oder Diktaturen, wo primäre Erfahrungen auf fatale Weise reinszeniert werden (vgl. ebd.: 239–255). Dazu schreibt Ludwig Janus:

> Die politische Explosivität der aus pränatalpsychologischer Sicht möglichen Einsichten geht auch daraus hervor, dass es sozial nicht ungefährlich ist, etwa die Hypothese zu äußern, dass im Holocaust kollektive pränatale Traumatisierungen abreagiert wurden. Hierzu könnte man etwa formulieren: Die psychotische Angsterfahrung des ungewollten Kindes fand in den negativ uterussymbolischen Gaskammern ihre unheilvolle Inszenierung (2008: 27).

Hier soll uns aber die Frage beschäftigen, was all dies mit dem Kino zu tun hat. Wenn wir in Anlehnung an Friedhelm Bellingroth betont haben, dass uns der Spielfilm in eine individual- und stammesgeschichtlich frühere Entwicklungsstufe zurückführt, wo «Innen- und Außenwelt noch ohne feste Grenzen ineinander übergehen» (1958: 110), dann erkennen wir den Kinosaal nun als symbolischen Nachbau des Mutterleibs, wo wir für zwei Stunden im Dunkeln wieder in einen Schwebezustand geraten und statt Blut nun Popcorn sowie Softdrinks einsaugen. Dies wirkt umso heilender, als wir dieses Gefühl mit den anderen Zuschauern teilen. Im Kino fallen also zwei Entwicklungsphasen auf einzigartige Weise zusammen: Der uterine Schutzraum sowie das spätere Einssein mit der Gemeinschaft. Eine unglaubliche Kulturleistung.

3.3 Schritte der filmischen Kulturanalyse

Wenn wir unsere bisherigen Erkenntnisse zusammenfassen und sie nun auf die Kulturanalyse anwenden, ergeben sich daraus folgende Schritte:

Der erste Untersuchungsgegenstand, die Basis für eine psychohistorische Betrachtung von Filmen, ist der Ausdruck *innerer Bewegtheit* (Emotion) durch *äußere Bewegung* (Motion). Wie verleihen Filme seelischen Grundkonflikten einen visuellen Ausdruck? Dies ist das Thema, mit dem sich die

Morphologen auseinandersetzen: «Alle kommen ins Kino, um sich für zwei Stunden einer anderen Wirklichkeit zu überlassen», schreibt Dirk Blothner. «Sie wollen, daß ein noch ungeformtes Drängen eine fesselnde Gestalt findet» (1999: 147. Rechtschreibung im Original). Das Wort *Wirklichkeit* enthält den Aspekt der *Wirkung*. In *Das geheime Drehbuch des Lebens. Kino als Spiegel der menschlichen Seele* (2003) wird dies bereits im Buchtitel angedeutet. In *Erlebniswelt Kino. Über die unbewußte Wirkung des Films* (1999) analysiert Blothner in Anlehnung an seinen Lehrer Wilhelm Salber anhand zahlreicher Beispiele, wie menschliche Grundkonflikte in Filmen verarbeitet werden. Diese sind dialektisch angelegt, zum Beispiel als Widerspruch zwischen «Zerstören – Erhalten» oder «Wiederholen – Verändern» (vgl. ebd.: 145). Damit greift die Morphologie das Strukturprinzip von Spielfilmdrehbüchern auf, in denen sich die Hauptfigur zwischen zwei Werten entscheiden muss. Sie legt klar, wie der zentrale Konflikt im Lauf des Films visuell und erzählerisch durchgearbeitet wird. Festlegung und Gestaltwandel finden also nicht nur auf der großen Ebene der Geschichte statt, sondern auch innerhalb der Geschichten einzelner Filme.

Der morphologische Ansatz muss aber erstens ergänzt werden durch die Verbindung von wahrnehmungspsychologischen und filmgestalterischen Ansätzen. Christian Mikunda zeigt dies in *Kino spüren. Strategien der emotionalen Filmgestaltung* (1986). Er analysiert die Werkzeuge der Filmemacher wie Bildkomposition, visuelle Reize und die Farbdramaturgie unter psychologischen, ästhetischen sowie kulturellen Gesichtspunkten, um ihre seelische und körperliche Wirkung auf den Zuschauer deutlich zu machen. Der morphologische Blick auf die Abbilder seelischer Dynamiken im Film muss außerdem durch das Triebsystem der Schicksalsanalyse erweitert werden, deren Faktoren ebenfalls dialektisch angelegt sind. Im nächsten Kapitel werden wir anhand von Alfonso Cuaróns *Gravity* und Stephen Frears' *Dangerous Liaisons* zeigen, wie dies konkret geschehen kann.

Wenn wir sowohl gestalterische, wahrnehmungspsychologische, morphologische als auch schicksalsanalytische Zugänge anwenden, denken wir die Prozesse der Filmentstehung und des Filmerlebens zusammen. Auf diese Weise wird greifbarer, welche menschlichen Bedürfnisse durch einen Film angesprochen und in Bewegung versetzt werden. Das ist ein ähnliches Prinzip, wie wir es beispielsweise bei der Gedichtanalyse einsetzen: Bevor wir zur Deutung, zum Verstehen, kommen, müssen wir uns zunächst mit dem Versmaß und mit den Lauten auseinandersetzen, die uns auf einer tieferen, gefühlsmäßigen Ebene berühren.

Der nächste Schritt ist das Herausarbeiten der unbewussten Filmwirkung. Wie lässt sich das *subjektive* von dem *kollektiven* Erleben unterscheiden, um ein verlässliches Bild davon zu erlangen, welche Breitenwirkung ein Film erzielt? Hierzu hat Andreas Hamburger in *Filmpsychoanalyse. Das Unbewusste im Kino – das Kino im Unbewussten* (2018) einen richtungsweisenden Vorschlag gemacht. Um die oben gestellte Frage zu beantworten, greift er bestehende Ansätze der Filmpsychoanalyse auf, von der Visu-Psychoanalyse, welche Filme als Abbilder psychologischer Theorien versteht, bis zur protagonistenpsychologischen Deutung, wo Figuren gleichsam auf die Couch des (Film-)Analytikers gelegt werden. Solche Deutungsansätze verwirft Hamburger als kurzsichtig: «Der Filmprotagonist ist kein Analysand, sondern er ist eine Deutung, ein vorgeführtes Bild, das Einfühlungsreaktionen in uns auslöst» (2018: 67). Nicht das klinische Wissen, sondern die Methodik der Psychoanalyse müsse auf ein Kunstwerk angewendet werden.

Am Beispiel seiner Münchener Filmgruppe stellt Hamburger eine Methode vor, die sich auf das szenische Verstehen nach Alfred Lorenzer, auf die Gruppenanalyse Wilfred R. Bions sowie auf die Sozialpsychologie René Königs bezieht. Entscheidend ist, dass die unbewusste Filmwirkung hier nicht ex cathedra *definiert*, sondern im Austausch mit dem Publikum und zwischen den beteiligten Analytikern *herausgearbeitet* wird. Nur durch die Verbindung der Gruppendynamik als Resonanzboden, der Introspektion des Analytikers und der anschließenden Überprüfung am Material entsteht ein tiefes und genaues Bild der unbewussten Filmwirkung. Diese Herangehensweise mag manche Autoren frustrieren, weil sie mit der Androhung immenser Arbeit verbunden ist, aber der Einsatz einer Großgruppe als Spiegel gesellschaftlicher Prozesse ist einleuchtend, wenn wir etwas über die kollektive Wirkung eines Massenmediums erfahren wollen.

Erst wenn diese Untersuchungen als Vorarbeit durchgeführt wurden, können wir im letzten Schritt die psychohistorische Analyse ins Spiel bringen: Was verrät uns ein Film über die unbewussten Konflikte unserer Zeit, was lernen wir daraus über unser Weltbild? Und in die Zukunft schauend: Welche Entwicklung zeichnet sich ab, auf die wir als Gemeinschaft zusteuern? Wird sie hier bereits erlebbar, ohne dass wir sie benennen können? Das war stets das Geheimnis der Schamanen wie der Künstler: Sie waren «Seher», die in Bildern und Erzählungen etwas über die Welt und die Menschen ausdrücken konnten, was einer sprachlichen und verstandesmäßigen Erfassung noch nicht zugänglich war. Die letzte Frage, welche ein psychohistorischer Zugang beantworten kann, richtet den Blick in die Vergangenheit: Warum erleben wir alte Filme heute anders als das Publikum vor 50 oder 100 Jahren? Was vermag nicht mehr, uns zu berühren? Was fasziniert uns hingegen immer noch? Wenn wir Filme als historische Quellen und nicht nur als zeitlich unabhängige Fiktion wahrnehmen, erhalten wir durch diese Rückschau ein Bild über unsere kollektive Entwicklung, über Fortschritt, Rückschritt und Stillstand.

In seiner psychohistorischen Methodenbeschreibung zur Kunstanalyse zitiert Klaus Evertz den Philosophen und Kunstkritiker Arthur C. Danto: «Die Psychologie der Kunstwahrnehmung wartet immer noch auf den Abbruch des Steinzeitalters» (Danto 1994: 54 zit. n. Evertz 2002: 60). Dabei sei jedes «Kunstwerk Erkenntnisinstrument» (Evertz 2002: 55). Mit der hier vorgestellten Wegbeschreibung ist die Hoffnung verbunden, die Filmanalyse zur Kulturanalyse auszuweiten und damit an die Ansätze von Freud und Szondi anzuknüpfen.

4 Nahaufnahme: Die Filmdeutung

In den vorangegangenen Kapiteln haben wir die Schicksalsanalyse angewendet, um eine psychologische und psychohistorische Sichtweise auf die Entstehung des Kinos und das Filmerleben zu entwickeln sowie einen Weg zu beschreiben, Filme als kulturanalytische Quelle zu nutzen. Nun wird es darum gehen, mit Szondi im Kinosessel Platz zu nehmen und anhand verschiedener Beispiele zu untersuchen, was die Schicksalsanalyse zu der Interpretation von Filmen beitragen kann.

Obwohl Henri Maldiney sie als bestes System beschreibt, um Kunst zu verstehen (a.a.O.), liegt dieses Forschungsfeld – bis auf wenige Ausnahmen – gegenüber klinischen Anwendungen nahezu brach. Zu diesen Ausnahmen gehören Friedhelm Bellingroths Untersuchung über die *Triebwirkung des Films* (1958) sowie die künstlerischen Auseinandersetzungen mit dem Szondi-Test durch Kurt Kren (1960) und Brigitte Burgmer (1983), auf die wir im Kapitel über die Filmproduktion noch einmal zurückkommen werden. Der Szondianer Mathes Seidl hat die Schicksalsanalyse in einem bemerkenswerten Essay auf den Bereich der Musik angewendet (2011), indem er Instrumentengruppen, Spieltechniken, die Harmonielehre, Melodieführung, Tempi und die Dynamik als Ausdruck der verschiedenen Triebfaktoren erläutert. Hierdurch wird deutlich, dass das Seelische wie ein Orchester funktioniert: Nur wenn sich die verschiedenen Kräfte gegenseitig ergänzen und ausgleichen, entsteht lebendige «Seelenmusik». Dies erklärt, warum uns Musik berührt und wie sie in uns wirkt. Sie stellt die archaistische Sprache der Seele dar, denn das Gehör ist der erste und der letzte Sinn unseres Lebens. Bevor wir geboren werden, bevor wir sehen können und bevor wir sterben, erleben wir die Welt über das Ohr.

Gustav Mahler hat diesem Thema seine IX. Symphonie gewidmet, in der er uns die Gefühle der Vergänglichkeit und Transzendenz erleben lässt. Das leidenschaftlich klagende Hauptthema des vierten Satzes, welches an den

Choral *Abide With Me* (1847) erinnert, wird mehrfach von einer Fagottmelodie unterbrochen, die in ein Ritardando mündet. Leonard Bernstein deutet dies als Todesmotiv, als Ausdruck eines Ringens zwischen dem Festhalten am Leben und dem endgültigen Loslassen.

> About four minutes into this movement he changes abruptly to a whole other kind of religiousness, which is now Eastern, a kind of very spare, Zen-like mediation. It's as though he's trying on for size disembodiment. He's trying to see what it would be like to be disembodied, to be away from reality, to be part of the universe, to be molecular, instead of ... to have an ego, to have an identity, a name.
>
> The orchestration becomes extremely bare and almost cold, in fact: utterly cold. It seems to be suspended in a kind of ether. The movement is barely discernable. The space between the lines is enormous. And it is the closest thing in music, in Western music, to the Eastern notion of intense transcendental meditation.
>
> But he's not yet ready to accept this cold solution, this drama, this nothingness. And so, he breaks out again with this bitter, resentful, passionate clinging to life.
>
> And so, throughout the movement, Mahler alternates between these two attempts at spiritual attainment, the Western and the Eastern. When he runs out of steam in one, he tries the other, and vice versa. After a series of climaxes, the last of which, by the way, most remarkably doesn't succeed, [...] you suddenly have the feeling that he has let it slip. And that is the turning point of the last movement, because it's at that moment that the world does slip out of his fingers. He, somehow, manages to arrive at a kind of blissful, serene acceptance of the end of life. And he does let go. And the letting go is one of the most remarkable things in all music, which is the last page of the symphony, which arrives with an amazing slowness, an amazing series of silences. After each one he tries again to grab back at life, to hold on to it, and it slips again.
>
> There is a series of attempts, each one of which is less and less successful. And finally, he let's go completely in the most easy and wonderful way. Through silence more than notes (Bernstein zit. n. Burton 1971: o. S.).

Da ihr Wesen vorsprachlich und emotional ist, besitzt Musik die Fähigkeit, das Seelische der Menschen in «Einklang» zu bringen. Wenn wir gemeinsam einem Konzert lauschen, ist der Widerspruch zwischen Seele und Geist sowie zwischen uns und den anderen für kurze Zeit aufgehoben. Wir erleben hierbei einen unmittelbaren Zugang zum Seelischen, welcher über den Verstand hinausgeht. Deshalb wies der Dirigent Sergiu Celibidache immer wieder darauf hin, dass die Schönheit nur der Köder sei, der uns zur Wahrheit führe.

Im Folgenden wollen wir Mathes Seidls Ansatz ver-*wenden* und ihn auf die Deutung von Filmen übertragen. Dabei hilft uns eine Analogie zwischen beiden Künsten. Die Filmdramaturgie entspricht der Sonatensatzform einer Symphonie: Zunächst führt sie das Thema ein. Dieses wird in der Durchführung dramatisch gesteigert und variiert. Dann folgt die Reprise, welche den Widerspruch auflöst, und am Ende steht die Coda, welche das Ausgangsthema nochmals zuspitzt, um es zu einem befriedigenden Abschluss zu führen. Die Geschichte eines Films ist gleichsam eine sich bei ihrem Weg zum Ufer stetig aufbauende Gefühlswelle. Und sowohl die Psychohistorie als auch die Schicksalsanalyse setzen sich mit dem Sturm, den Gezeitenkräften sowie der Lebenswelt unterhalb des Meeresspiegels auseinander, welche diese Bewegung antreiben.

Die kommenden Abschnitte widmen sich Filmen, in denen das familiäre Unbewusste, die unbewussten Wahlen, die verschiedenen Seinsbereiche und ihre Bedürfnisfaktoren, Szondis Ich-Modell sowie die Kain-Abel-Polarität als tragende Elemente sichtbar werden. Damit ergänzen wir den ersten Schritt unserer Wegbeschreibung aus Kapitel 3 und eröffnen einen neuen Blick auf Genrekonstruktionen. In Kapitel 5 werden wir dies dann auf die Drehbucharbeit und die Psychologie des Schauspiels übertragen. Gleichzeitig tauchen wir so tiefer in die Grundzüge der schicksalsanalytischen Theorie ein. Und knüpfen damit an die Entwicklung der Schicksalsanalyse von der klinischen Theorie zur Kulturforschung an.

4.1 Das familiäre Unbewusste

So hat sich Mortimer Brewster den schönsten Tag seines Lebens nicht vorgestellt: Kurz vor der Abreise in die Flitterwochen erfährt er, dass seine komplette Familie aus Massenmördern besteht. Mortimers Tanten vergiften alleinstehende Männer und sein Bruder Jonathan ist ein sadistischer Schwerverbrecher auf der Flucht vor der Polizei. Der andere Bruder Teddy ist da noch der Harmloseste – er hält sich lediglich für den Präsidenten der Vereinigten Staaten. Sein Größenwahn wird aber von den Tanten dazu instrumentalisiert, die Leichen ihrer Mordopfer zu beseitigen. Sie gaukeln Teddy vor, diese seien an einer Gelbfieberepidemie gestorben.

Aus Furcht, nun selbst verrückt zu werden, ist Mortimer kurz davor, die Bindung an seine Ehefrau Elaine wieder aufzulösen. Doch nach mehreren haarsträubenden Wendungen gelingt es ihm schließlich, die Situation zu entschärfen: Jonathan wird von der Polizei festgenommen, Teddy und die Tanten ziehen in eine psychiatrische Heilanstalt um. Die «Leichen im Keller» bleiben unentdeckt. Als Mortimer erfährt, dass er kein Blutsverwandter der Brewsters ist, sondern adoptiert wurde, kann er das erste Mal erleichtert aufatmen. Der Fluch der Familie betrifft ihn scheinbar nicht mehr und der Weg zur Hochzeitsreise ist endlich frei. Frank Capras Screwball-Komödie *Arsenic and Old Lace* (1944) trägt am Ende die Züge eines Coming-of-Age-Dramas.

Wir gelangen zu einem tieferen Verständnis des Films, wenn wir uns Szondis Theorie des familiären Unbewussten vergegenwärtigen. Zwischen dem kollektiven Unbewussten bei C. G. Jung und dem persönlichen Unbewussten bei Freud siedelt er eine dritte Instanz an, welche die unbewussten Wahlen in Partnerschaft, Freundschaft, Beruf, Krankheit und Todesart prägt. Szondi spricht deshalb von einer «Wahlsprache», welche die Jungsche «Symbolsprache» und die Freudsche «Symptomsprache» ergänzt (Gerster 1956: 34f.). Die Wahlen in den verschiedenen Lebensbereichen werden von der Erbatmosphäre beeinflusst. Wir bewegen uns unbewusst in dem von den Ahnen vorgegebenen Rahmen, können ihre Potenziale nutzen, müssen aber auch auf die Gefahren achtgeben, die uns aus dieser Richtung drohen. Mit seiner Vorstellung löst Szondi – wie Freud durch die Vorlesung zur Ätiologie der Hysterie – starke Abwehrreaktionen aus:

> [D]ie Schicksalsanalyse hat auf den Leser – ob Naturforscher oder Laie – in gleichem Maße schockierend gewirkt. Die Ursache dieser Schockierung suchen wir darin, daß die Schicksalsanalyse im besonderen zwei infantile Illusionen der Menschheit zerstört hat.
>
> Die erste ist die Illusion des absoluten Freiseins von Gott und Ahnen-Erbe. Die zweite ist die Illusion der totalen Normalität, d. h. die Vorstellung, daß hinter jedem gesunden Erscheinungsbild stets ein völlig gesundes Erbbild stecke (1969 [1987]: 19. Rechtschreibung im Original).

Der Irrtum dieser Auffassung gipfelt in der Annahme, die Schicksalsanalyse verkünde einen genetischen Determinismus. Stattdessen geht es ihr aber um die Idee der «Wahlfreiheit» in dem von den Ahnen sowie der Umwelt vorgegebenen Rahmen (ebd.: 21). Dies mag vielen Kritikern als wenig sozialdemokratisch, als eine Beschneidung der individuellen Freiheit erscheinen. Es ist aber lediglich ein realistischer Blick auf die Natur des Menschen, der an Freuds Überlegungen anknüpft und diese weiterdenkt.

In der Belletristik taucht diese Sichtweise schon viel früher auf. Die Insel-Taschenbuch-Ausgabe von E. T. A. Hoffmanns *Die Elixiere des Teufels* aus dem Jahr 1978 zeigt im Anhang der Geschichte eine Stammtafel der Hauptfigur Medardus, die darüber Auskunft gibt, welches Familienmitglied durch Inzest oder uneheliche Abstammung geboren ist. Hier noch tatsächlich auf die biologische Komponente reduziert, greift Hoffmann die Idee des familiären Unbewussten auf. Denn der «Fluch der Ahnen» erklärt, warum das Leben der betreffenden Figur in einer Tragödie endete. Der Kulturwissenschaftler Maximilian Bergengruen hat über das Motiv der phylogenetischen Weitergabe seelischer Eigenschaften in Hoffmanns Roman einen aufschlussreichen Essay geschrieben (2009). Das gleiche Motiv begegnet uns auch in Theodor Storms Novelle *Aquis submersus* (1877). Als die Hauptfigur Johannes hier an einer Galerie von Ahnenportraits seines Widersachers entlanggeht, entdeckt er mit Schrecken dessen Charakterzüge in der Physiognomie einer Urahnin wieder: «Wie räthselhafte Wege gehet die Natur! Ein saeculum und drüber rinnt es heimlich wie unter einer Decke im Blute der Geschlechter fort; dann, längst vergessen, taucht es plötzlich wieder auf, den Lebenden zum Unheil» (1996 [1877]: 26 f.).

In *Arsenic and Old Lace* verarbeitet Frank Capra diese Vorstellung auf komödiantische Weise: Während man den höflichen Tanten ihren Wahnsinn nicht ansieht, erinnert bereits das Gesicht des Bruders Jonathan – ein Running Gag des Films – an Frankensteins Monster. Als Mortimer auf die Geschichte seiner vermeintlichen Vorfahren zurückblickt, erkennt er die Spur des Wahnsinns als einen roten Faden:

> Meine Familie ist geisteskrank, alle miteinander. [...] Das datiert bis zum ersten Brewster zurück, der damals mit den Pilgern rüberkam. Du weißt doch, wie damals die Indianer die Siedler skalpierten. Er hat die Indianer skalpiert!

Die vom Großvater vererbte Sammlung an tödlichen Substanzen, die seine Tanten ihren Opfern einflößen, droht nun, auch Mortimers seelische Gesundheit sowie seine Ehe zu vergiften.

Entwicklung als Entgiftung

In Oliver Stones *Wall Street* (1987) wird die Idee des familiären Unbewussten und der Schicksalswahl durch zwei Vaterfiguren ausgedrückt: Zunächst folgt der Protagonist Bud Fox dem Vorbild des Finanzhais Gordon Gekko und gelangt dadurch zu Wohlstand und Prestigeobjekten. Erst durch die Konfrontation mit dem Wertesystem seines leiblichen Vaters Carl wendet sich Bud von seinem Ziehvater ab und entscheidet sich dazu, die in ihm wohnenden Talente für etwas Produktives einzusetzen; zu geben statt zu nehmen. Eine ähnliche Entwicklung zeigt uns Garry Marshalls drei Jahre später gedrehter Film *Pretty Woman* (1990). Mit Szondi verstehen wir die Genialität, die Stones Familiendrama Marshalls Liebeskomödie voraushat. Dann wird klar, dass der Film um den Konflikt zwischen Haben und Sein kreist.

Wie alle anderen Triebvektoren oder Seinsbereiche[8] ist Szondis Ich-Modell durch das Spannungsverhältnis zweier Kräfte (Triebfaktoren) charakterisiert, die jeweils gegensätzliche Tendenzen (Triebradikale) aufweisen. Sie sind also von einer doppelten Dialektik geprägt. Das Ich gliedert sich in die Bereiche von Haben (k) und Sein (p). Das Haben ist durch den Gegensatz zwischen Habenwollen (+ k) und Verzicht (– k) charakterisiert: Einerseits gibt es die Tendenz zur Einverleibung, zum Egoismus, zum Aufbau von Besitz- und Objektidealen, also zur Macht durch Haben (Szondi 1972: 38f.). Dieser Teil unserer Ich-Kräfte funktioniert wie ein gigantischer Schwamm oder Staubsauger, der alle Informationen in das Seelische aufnimmt. «Das Kind introjiziert zunächst, quasi wie in einem Raubzug, die komplette psychische Struktur der Eltern, ohne zwischen Gift und Nahrung zu unterscheiden» (Vogt 2013: 5). In der beruflichen Sozialisation entstehen daraus unter anderem die ökonomischen Berufe, die mit der Anhäufung von Besitz und Kapital zu tun haben. In der pathologischen Erscheinungsform werden aus dieser Tendenz weit bedenklichere Raubzüge als im Kleinkindalter: Dann sind wir im Bereich von Diebstahl, Einbruch und Finanzkriminalität.

Die Gegenkraft dazu ist die stellungnehmende Funktion: Sie weist die Tendenz zu Verzicht, zum Realitätssinn und zur Anpassung an das Kollektiv auf (Szondi a.a.O.). Diese Kraft hat eine begrenzende Funktion, denn sie

---

8   Im Folgenden werden beide Begriffe verwendet (siehe dazu auch Jüttner 2012).

dämmt sowohl das Habenwollen ein, aber auch die Strebung des Seins, sich entweder grenzenlos aufzublähen oder auszuweiten, was wir als Größenwahn beziehungsweise paranoiden Verfolgungswahn kennen. Außerdem sorgt sie dafür, dass nicht alle aufgesogenen Introjekte in das Bewusstsein gelangen. Das ist die Ich-Funktion, die wir Verdrängung nennen. In der sozialisierten Form ergeben sich daraus Berufsbilder, die mit Kritik oder mit sozialem Humanismus zu tun haben (vgl. ebd.: 43).

Frappierend ist, wie Oliver Stone durch die Wahl seines Themas dem psychologischen Konflikt der Hauptfigur eine größere Tiefe und Anschaulichkeit verleiht. Legen wir Szondis Ideen zugrunde, dann zeigt die Verbindung von väterlichem Vorbild und kriminellen Finanzgeschäften, dass Bud Fox, der räuberische «Fuchs», den stellungnehmenden Anteil seines Ich noch nicht weit genug entwickelt hat. Zu Beginn ist er noch wie ein Kind, das ohne Rücksicht auf die Welt alles haben will. Die Entwicklung zu einem reifen und verantwortungsvollen Mann gelingt ihm erst, als er seine Fähigkeiten für etwas sozial Positives *verwendet*. Fassen wir Carl Fox und Gordon Gekko als zwei rivalisierende Anteile einer Vaterfigur auf, erhält Buds Geschichte eine weitere Facette: Auch in Bezug auf das familiäre Unbewusste muss er Stellung beziehen. Es ist die Notwendigkeit, sich über die Ahnenansprüche klar zu werden, um frei zu wählen: Was von unseren Eltern müssen wir in den Giftschrank packen, weil es uns schadet, womit können wir hingegen lebenszugewandt arbeiten? *Wall Street* ist eine Coming-of-Age-Story im Sinne Szondis: Bud lässt das kindliche Sein durch Haben hinter sich und lernt, wer er ist. Eine tragische Variante dieses Konflikts sehen wir in *Citizen Kane* (1941). Indem seine Eltern Charles Foster Kane von dem Bankier Thatcher adoptieren lassen, um ihm so ein gesichertes Leben zu erkaufen, berauben sie ihn in Wahrheit einer glücklichen Kindheit im Schoß der Familie. Dagegen rebelliert Kane: Er will die Macht durch Haben in die Macht durch Sein «ummünzen». Deshalb weigert er sich, sein äußeres Erbe anzutreten, und wird Zeitungsverleger statt Bankier. Doch Macht bleibt Macht. Aus dem Individualisten wird schließlich der Medienmogul, der in die Muster seiner Eltern und seines Ziehvaters – das innere Erbe – zurückfällt. Denn Kane versucht vergeblich, sein verlorenes Glück mit Geld zurückzukaufen.

Zwischen Entwicklung und Stagnation

Arsenic and Old Lace sowie *Wall Street* gewähren uns einen positiven Ausweg aus diesem seelischen Dilemma. Während Mortimer Brewster jedoch versucht, das Problem zu verdrängen, indem er die Verantwortung auf Teddy schiebt, und lediglich durch einen *deus ex machina* gerettet wird, muss Bud Fox bewusst um eine positive Wendung seines Schicksals ringen. Das Gegenbild hierzu zeigt uns Francis Ford Coppola in *The Godfather* (1972): Obwohl Michael Corleone zu Beginn des Films wie ein Fremdkörper in der eigenen Familie wirkt und ihre kriminellen Aktivitäten ablehnt, wählt er im Lauf des Films schließlich die negativen Eigenschaften seines Vaters als Lebensentwurf, nimmt dessen Platz als neuer Pate der Mafiafamilie ein. Michael befreit sich nicht, wird nicht erwachsen. Sein Vater bleibt ein Gott für ihn, wie es für das Erleben der frühen Kindheit typisch ist. Die Ratschläge von Vito Corleone führen deshalb zu einer Verschlagenheit in Michaels Charakter. Er gerät in den Sog von Wahnsinn und Massenmord, dem Mortimer Brewster entrinnen will. Während dieser mit Elaine von seinem erdrückenden Elternhaus in die Welt aufbricht, sitzt Michael am Ende des Films im düsteren Arbeitszimmer des Vaters und verstößt sogar die Frau, welche seine positiven Eigenschaften nähren könnte. Die heruntergezogenen Jalousien isolieren ihn von der Außenwelt, als wolle Coppola den Sieg der Introjektion über das stellungnehmende Ich unterstreichen. Die Bedrängtheit des äußeren Raums spiegelt hier den Egozentrismus der Figur wider, wirkt wie eine männliche Form des Uterus. Was von Michael übrigbleibt, ist eine leere Hülle, aus der sein Vater spricht. Der Kampf um Selbstbestimmung ist verloren, und es wirkt wie eine seelische Kapitulationserklärung des früheren Soldaten, wenn er seinem Bruder Fredo das Familienmotto herunterbetet: «Don't ever take sides with anyone against the family again.»

Coming of Age und die Schicksalsanalyse

Wenn wir an andere Coming-of-Age-Geschichten denken, zum Beispiel an *The Graduate* (1967), *The Breakfast Club* (1985), *Good Will Hunting* (1997), *Billy Elliot* (2000) oder an James Grays Filme *The Yards* (2000) und *We Own the Night* (2007), dann beinhaltet die Entwicklung vom Jugendalter in die Erwachsenwelt und der damit einhergehende *shock of recognition* eine Auseinandersetzung mit der eigenen Familie. Geht es um eine seelische Krise, die in Reifung oder Stagnation münden kann, ist dies mit der Frage des Helden verbunden: Übernehme ich die Werte meiner Eltern oder transformiere ich sie? Hier kann die Schicksalsanalyse Leopold Szondis zu einem tieferen Verständnis filmischer Narrationsmodelle beitragen.

Filme als Kunstwerke – das ist das Faszinierende an ihnen – sind oft visionärer und tiefschöpfender als ein Universitätsdiskurs. Wenn es um die Aufführung im Kino geht, sprechen wir von einer «Vorstellung» oder «Projektion», weil hier Bilder aus den Tiefschichten der Seele auf die Leinwand und damit in die Gemeinschaft des Kinosaals geworfen werden, die unsere Denkmuster herausfordern und infrage stellen. *Back to the Future* (1985) zum Beispiel zeigt uns eine spannende Variante des Familiendramas: Marty McFly muss eine Reise in die eigene Stammesgeschichte antreten, damit er überhaupt geboren wird. Scheitert er dabei, erlischt seine physische Existenz und damit auch sein Abbild auf den Familienfotos. Damit illustriert der Film die schicksalsanalytische Idee der *Elternwahl*, auf die sich ein fasziniert Thomas Mann in seinem Brief an Szondi bezieht:

> [M]it Ihrer ‹Schicksalsanalyse› haben Sie mir ein bedeutendes Geschenk gemacht, für das ich meinen besten Dank abstatte. Das Buch hat mich schon viel beschäftigt und noch wird es das tun. Manches darin mutet mich überraschend bekannt, verwandt, vertraut an, – wie ja die Erinnerung an Schopenhauers Essay ‹Über die scheinbare Absichtlichkeit im Schicksal des Einzelnen› nahelegt. In der Lehre von der ‹Elternwahl›, bildlich wie diese immer zu nehmen sei, und am Beginn unseres Lebens ‹noch vor der Kopulation der Geschlechtszellen› scheint mir das genotropische Denken ins Schopenhauerisch-Metaphysische, eine Philosophie des ‹Willens› zu sich selbst hinüberzuspielen. Sie wissen: Um die Freiheit, Schuld und Verdienst, zu retten, verlegte Schopenhauer sie aus dem operari ins esse. Die Handlungen eines Menschen, meint er, geschehen zwar nach festliegenden Determiniertheiten, ‹aber es hätte können anders sein›. Der Mensch mit seinem Schicksal ist also, was er hat sein wollen (Archiv Szondi-Institut, Zürich).

Während des Zeugungsakts ist das Kind als Vorstellung präsent, schaut bereits als dritte Person «um die Ecke». Ist die Komödie von Robert Zemeckis deshalb so beliebt, weil sie den Ursprung unserer Existenz berührt, nämlich die Frage, wie wir es schaffen, unsere Eltern zusammenzubringen?

4.2 Das Ich

Wenn es um Paranoia im Kino geht, kommen uns sehr unterschiedliche Filme in den Sinn: Diesen Aspekt finden wir in Don Siegels Science-Fiction-Thriller *Invasion of the Body Snatchers* (1956), in Michelangelo Antonionis Drama *Blowup* (1966), Roman Polańskis Horrorfilm *Rosemary's Baby* (1968), Peter Weirs *The Truman Show* (1998), aber auch in Politthrillern wie Oliver Stones *JFK* (1991). Bei Paranoiafilmen haben wir es also nicht mit einem eigenständigen, fest umrissenen Genre zu tun. Vielmehr rufen diese Filme genreübergreifend eine seelische Verfassung hervor, in der es dem Protagonisten oder auch nur dem Zuschauer schwerfällt, Vorstellung und Wahrnehmung, Realität (das Tatsachenhafte) und Wirklichkeit (die innere Wirkung der äußeren Bilder) auseinanderzuhalten. Zu einem vergleichbaren Ergebnis kommt der Filmwissenschaftler Henry Taylor in seiner Monografie *Conspiracy! Theorie und Geschichte des Paranoiafilms* (2018). Er listet Kriterien dieser Erzählstruktur auf und ordnet sie über verschiedene Kinoepochen und Genres hinweg psychohistorisch ein. Die kriminellen Masterminds wie *Dr. Mabuse*, die Ängste und Begierden des Noir-Universums oder die pessimistischen Antihelden der New-Hollywood-Ära werden hier als Abbild kollektiver Denkmuster ihrer Entstehungszeit deutlich. Auch bei Taylor ist für eine Definition des Paranoiafilms entscheidend, dass Zweifel und Angst nicht zwangsläufig in der Perspektive des Protagonisten entstehen müssen, sondern sich bisweilen auch auf das Publikum beschränken, welches nur scheinbar «aus sicherer Distanz» an der Fiktion teilnimmt (ebd.: 28). Dieser Aspekt erinnert an Michael Balints Beschreibung der Angstlust (2017 [1960]). Wenn wir zwischen Leinwandgeschehen und Zuschauerraum unterscheiden, können sowohl Francesco Rosis *Cadaveri Eccellenti* (1976) als auch Costa-Gavras' *Z* (1969) als Paranoiafilme eingeordnet werden: Beide sind Politthriller, beide haben eine politisch-kriminelle Verschwörung zum Inhalt, sie unterscheiden sich aber durch den Wissenshorizont des Zuschauers. Bei Rosi zweifeln wir *mit* dem Protagonisten, bei Costa-Gavras bangen wir *um* ihn. Doch damit wird die Wirkung von Paranoiafilmen nur unzureichend erfasst.

Das Paranoide als Ich-Funktion

Im Folgenden untersuchen wir deshalb genauer, welche seelische Dynamik in diesen Filmen entsteht. In der Schicksalsanalyse gehört die paranoide Kraft zu den Ich-Funktionen. Haben wir im vorangegangenen Abschnitt den Aspekt des Habens (k) betrachtet, untersuchen wir nun den Bereich des Seins (p). Auch dieser besteht aus zwei Ambitendenzen: Die Inflation – bei Szondi durch (+ p) symbolisiert – ist das Bedürfnis, unbewusste Inhalte des Seelischen bewusst zu machen, das Ich durch «Selbst-Bewusstsein» zu erweitern. Sie ist die Quelle für Kreativität, Intuition und Begeisterungsfähigkeit. Die Projektion (– p) hingegen verlagert unbewusste Regungen in die Außenwelt. Wie Freud leitete Szondi sein Trieb- oder Bedürfnissystem aus seelischen Krankheiten ab. Diese sind für die Schicksalsanalyse nur eine mögliche Erscheinungsform seelischer Kräfte. Können sie nicht in der Berufswahl angebunden und sozialisiert werden, mit anderen Worten: Kriegen sie in der Realität nicht genug zu tun, manifestieren sie sich als Krankheit. Die Projektion wird dann zum Verfolgungswahn. Unbewusste Regungen – das, was vorher nicht gesehen oder gehört werden wollte – «äußern» sich nun als akustische oder visuelle Halluzinationen, und der Betroffene fühlt sich von einer Person oder Institution verfolgt, welcher er böse Absichten unterstellt. In den Portraits des Szondi-Tests springt dem Betrachter die Skepsis der Paranoiker, ihre zugleich fragende und zweifelnde Haltung, geradezu ins Auge (vgl. Burgmer 1983: 50 f.). Auf der Seite der Inflation droht der Größenwahn. Hier meint der Betroffene, übermenschliche Fähigkeiten zu haben oder eine berühmte Person zu sein. Diese beiden Tendenzen des Ich, die Szondi als *Egodiastole* beschreibt (1972: 138–144), werden, wie bereits ausgeführt, durch die Gegenkraft der *Egosystole*, die sogenannten k-Kräfte, gezügelt:

> Fehlte im Ich völlig das Radikal ‹k›, also die Egosystole, so würde sich der Ich-Raum bei einem Menschen so grenzenlos ausdehnen, wie es eben bei den krankhaften projektiven und inflativen Paranoiden in der Tat geschieht. Das Radikal k mit seiner einengenden Funktion sorgt dafür, daß das menschliche Schicksal und somit das Schicksal der Menschheit selbst sich nicht andauernd in der Richtung zum Paranoiden grenzenlos verliert (ebd.: 132. Rechtschreibung im Original).

In ihrer Krankheitsform erhält die Negation einen so starken Überdruck, dass sie zu einem undurchdringbaren Widerstand, zu Schweigen und Starre wird. Im *Lehrbuch der experimentellen Triebdiagnostik* macht Szondi eine klinische Beobachtung zum katatoniformen Negativismus, die uns Aufschluss darüber gibt, welche seelische Funktion die «Spannung» auslöst, wenn uns bei einer mitreißenden Szene im Kinosaal die Haare zu Berge stehen:

> Wir deuten diese Hypertonie der Negation in dem Sinne, daß die Schizophrenen *gegen die paranoide Wahnwelt und die Halluzination* die Bremsen des verneinenden Ichs maximal anspannen müssen, um aus der unerträglichen Wahn- und Trugwahrnehmungswelt des Paranoiden sich retten zu können. *Unsere Auffassung [...], nach der die Katatonie einen spontanen Selbstheilungsprozeß des Paranoiden darstellt – ähnlich wie die Manie ein Heilungsversuch des Ich gegen Melancholie ist – wurde in den letzten zehn Jahren bekräftigt* (ebd.: 150f. Rechtschreibung im Original).

Das Ich zieht sich hierbei auf das Körperliche zurück und setzt die Anspannung als Bremse und «Bodenhaftung» ein. Es will seine Verankerung in der Realität spüren, damit es nicht von einem beängstigenden Gedankenstrom hinweggespült wird. Das ist der Grund dafür, dass Carl Gustav Jung und Kaiser Wilhelm II. gegen das Verrücktwerden Holz hackten. Szondi bezeichnet diese Tendenz des Seelischen folglich auch als «Betonfunktion» des Ich. Die verneinende Stellungnahme (– k) kann mit dem Realitätsprinzip und der Vernunft gleichgesetzt werden. Ihre Gegentendenz, die Introjektion (+ k), ist als bejahende Stellungnahme ebenfalls ein Schutzmechanismus:

> Alles, was das diastolische Ich sein möchte, kann auf dem Wege der Einverleibung zu Interessen des Habens reduziert werden. Somit wird die Gefahr der Erweiterung im Sein durch das gefahrlose Sich-für-etwas-Interessieren abgewehrt. Will ein Mensch z.B. allmächtig wie Gott sein, so ist er verrückt. Introjiziert er aber die Gottesansprüche in sein Ich und macht er aus den inflativen Gottseinstendenzen wissenschaftliche Interessen für Mythologie, Religion, Religionspsychologie, so hat er die verrückende Gefahr der Inflation durch Einverleibung der Seinsstrebungen in das k-Ich abgewehrt (ebd.: 134. Rechtschreibung im Original).

Sehr verkürzt, können wir sagen: Die *p*-Kräfte sind das Reservoir an Emotionen in der Form düsterer oder erhellender Bilder in uns. Die *k*-Kräfte, vor allem die «Betonfunktion», stellen wiederum den Geist und das Bewusstsein dar, welche die andrängende Bilderflut mittels Verständigung der Sprache bändigen.

Wie wir in Anlehnung an Bellingroth schon mehrfach betont haben, ist das Filmerleben selbst ein paranoider Prozess, weil hier die Trennung zwischen Vorstellung und Wahrnehmung – oder anders ausgedrückt: Der Ausgleich zwischen p- und k-Kräften – vorübergehend wieder aufgehoben ist. Im Gegensatz zum Traum oder zur hypnotischen Trance liegt im Kino zwar «der ungewöhnliche Fall vor, [...] daß nämlich die (‹äußere›) Wahrnehmung und die (‹inneren›) tiefenseelischen Funktionen gleichzeitig gesteigert tätig sind» (ebd.: 120), doch auch hier rückt die stellungnehmende Negation (– k) in den Hintergrund, und die Tore zum Unbewussten werden geöffnet.

Dies wird noch durch den Film als Massenmedium und die besondere Situation im Kinosaal verstärkt: In der Gruppe herrscht ein anderer seelischer Aggregatzustand als bei Individuen. Die Integration der Ich-Kräfte und damit auch die Fähigkeit zu Kritik und Selbstkritik wird durch ein «Kollektivdenken» ersetzt, das den Gesetzen der Kleinkindentwicklung entspricht. «Das ‹Massen-Ich› ist suggestibel, entscheidungsscheu und ethisch niedrigschwellig», wie der Schicksalsanalytiker Gerhard Kürsteiner ausführt. Filme, die niedere Instinkte bedienen, wie Michael Balint es in Bezug auf Jahrmarktsattraktionen beschreibt (2017 [1960]: 17–22), sind deshalb oft wirksamer als andere. Dadurch können sie als Propagandamittel missbraucht werden.

Völlig inaktiv ist der stellungnehmende Anteil des Ich beim Filmerleben aber nicht. Bisweilen äußern wir unseren Unmut oder unsere Zustimmung gegenüber der Handlung der Filmfiguren. Und wenn das Geschehen zu überwältigend wird, wenden wir unseren Blick von der Leinwand ab. Die filmische Trance kann also dadurch unterbrochen werden, dass uns entweder die Macht der Bilder überfordert oder die Geschichte zu unglaubwürdig ist. Dann schreitet die stellungnehmende Funktion des Ich als Notbremse beziehungsweise Realitätsprinzip ein. Das ist der Grund dafür, dass Goebbels dem brutalen antisemitischen Schmähfilm *Der ewige Jude* (1940) den fiktionalen Propagandastreifen *Jud Süss* (1940) folgen ließ. Dessen Wirkung war weitaus fataler, weil hier die offene politische Agitation durch subtilere Verführungsmechanismen, durch Überreden statt Überzeugen ersetzt wurde (vgl. Rees 1992).

Überdrehung des Filmerlebens

Das Paranoiakino stellt aus psychologischer Perspektive einen Sonderfall des Filmerlebens dar: Während eines ohnehin paranoiden Prozesses zieht es uns noch tiefer in den Bann der Handlung und bringt das Spannungsverhältnis der Ich-Kräfte in Aufruhr. Ein gut inszenierter Paranoiafilm sät zugleich Zweifel, regt die Vorstellungskraft an und lenkt die stellungnehmenden Funktionen des Seelischen so um, dass sie nicht zu einer *Distanzierung* von dem Realitätseffekt des Films, sondern zur *Verstärkung* der paranoiden Skepsis beitragen. Am Beispiel von Oliver Stones *JFK* wird dieser Mechanismus deutlich: Der paranoide Prozess beginnt hier schon, bevor wir im Kinosessel Platz nehmen. Denn vermutlich wählen wir diesen Film, weil er einen historischen Kriminalfall aufgreift, um den sich bereits zahlreiche Verschwörungstheorien ranken, die unsere Phantasie anregen. Und wir sind gespannt darauf, welche Mythen oder Erkenntnisse uns nun erwarten. Als Identifikationsfigur präsentiert Oliver Stone den real existierenden Staatsanwalt Jim Garrison, dessen Theorien zum Kennedy-Attentat eine paranoide Neigung zugeschrieben werden kann. Dies ist den meisten Zuschauern aber wahrscheinlich unbekannt, sodass der Protagonist den Realitätseffekt des Films eher verstärkt. Nun kommt die Wechselwirkung zwischen Projektion und Introjektion ins Spiel, die Bellingroth beschreibt: Wir übertragen unseren Zweifel an der offiziellen Deutung des Kennedy-Attentats auf Garrison. Da er als positiver Held inszeniert wird, nehmen wir ihn nicht als paranoiden Querulanten wahr, sondern bewundern stattdessen seine Intuition, seine Beharrlichkeit bei der Recherche und seine Durchsetzungsfähigkeit gegen alle Widerstände. Hier verleiben wir uns als Zuschauer die außergewöhnlichen Fähigkeiten der Filmfigur ein und identifizieren uns mit ihr. Durch Garrisons Augen lässt der Regisseur das nagende Gefühl entstehen, dass etwas nicht stimmt. Die fehlende «Stimmigkeit» wird von der Handlung auf die innerseelische Dynamik des Zuschauers übertragen. Die Recherchen des Staatsanwalts verleihen unserer Wahrnehmung einen Stachel. Das Bedürfnis nach Projektion als Übertragung unserer Innenwelt auf eine fiktionale Figur wird zu einem Verfolgungswahn gesteigert. Paranoiafilme können demnach als eine Extremform des Filmerlebens betrachtet werden.

In *JFK* beginnen wir, an der Logik der Ereignisse zu zweifeln, vermuten einen tieferen, versteckten Sinn hinter ihnen und entwickeln eine Vorstellung darüber, wie sich das Kennedy-Attentat tatsächlich abgespielt hat. Dies ruft die stellungnehmenden Kräfte auf den Plan. Denn uns beschäftigt die Frage, ob Garrison und wir sich dies nur einbilden, oder ob der Verdacht einer politischen Verschwörung doch zutrifft: Haben wir etwas verdrängt, das uns jetzt unübersehbar vor Augen tritt, oder folgen wir einem inneren Trugbild? Unser Zweifel wird in *JFK* noch mit einer offensichtlichen Bedrohung durch einen unsichtbaren, ungreifbaren Gegner genährt: Mehrere Zeugen sterben unter mysteriösen Umständen, und im Director's Cut des Films sehen wir Versuche, Garrisons Ansehen sowie seine Glaubwürdigkeit gezielt zu untergraben. Hinzu kommt Oliver Stones Stilmittel, die Handlung einer Szene mit kurzen Stimmungsbildern zu ergänzen, die aus dem Unbewussten zu kommen scheinen. In *U-Turn* (1997) sind sie oft abstrakt, in *JFK* erscheinen sie als Rücksprung in die Vergangenheit, welche die offizielle Geschichtsschreibung und den Report der Warren-Kommission kontrastieren. Es bleibt unklar, ob diese Bilder der Imagination Garrisons entspringen oder auktoriale Einschübe des Regisseurs darstellen. Das verstärkt ihren paranoiden Charakter noch.

Die Spannung in *JFK* entsteht also dadurch, dass unsere Wahrnehmung irritiert wird. Denn *Wahr-Nehmung* setzt eine beobachtbare Wahrheit voraus. Das Paranoiakino bringt die Integration der verschiedenen Ich-Kräfte ins Wanken. Statt zusammenzuwirken, arbeiten sie gegeneinander. Am Ende der Erzählung steht dann in der Regel eine Auflösung, die uns aus dem Verwirrspiel entlässt. Entweder war unser Zweifel berechtigt und «gesund», wie wir es beispielsweise in Alan J. Pakulas *All the President's Men* (1976) sehen. Hitchcocks Meisterwerke hingegen entlarven die Angst vor einem «bösen» Menschen meist als Trugbild. In Oliver Stones *JFK* bleibt diese Frage in der Schwebe. Jim Garrisons Gespräch mit Mister X zeigt zwar, wie es gewesen sein könnte, der Beweis dafür kann aber nicht erbracht werden. Eher selten sehen wir im Paranoiakino den Fall, dass jemand daran zugrunde geht, den Dingen auf den Grund zu gehen.

Die TV-Miniserie *Tabula Rasa* (2017) führt uns eine spannende Variante dieser Erzählform vor. Wir tauchen in die Gedanken- und Gefühlswelt der Hauptfigur Mie ab, die seit einem Autounfall an Amnesie leidet. Zusätzlich steht sie im Verdacht, in das Verschwinden eines Mannes verwickelt zu sein. Am Beginn der Erzählung befindet sich Mie in der Psychiatrie. Sie wird von visuellen Halluzinationen geplagt und muss mühsam rekonstruieren, welche Bilder lediglich ihrer Innenwelt entspringen und welche reale Ereignisse widerspiegeln. Das Frappierende an *Tabula Rasa* ist, dass Mies Projektionen auf die Kinogeschichte verweisen und dadurch einen metafilmischen Charakter erhalten. Denn die Erinnerungen an ihre tote Tochter werden durchgängig als Reminiszenz an Nicholas Roegs Paranoiafilm *Don't Look Now* (1973) inszeniert. Der Zuschauer identifiziert sich also mit einer Hauptdarstellerin, welche ikonische Bilder eines Spielfilms für die Realität hält. Aus psychoanalytischer Perspektive kann auch *The Blair Witch Project* (1999) als Metafilm betrachtet werden: Hier werden wir als Zuschauer in die Perspektive von Filmemachern versetzt, die ihre inneren Ängste auf den dunklen Wald projizieren, welchen sie als «beseelt» wahrnehmen. Bei dieser Lesart lautet das Fazit: Die Hexe existiert lediglich als Vorstellung.

Verschwörungstheorien als Sinnsuche

Wenn wir das Bedürfnis nach Projektion als Ich-Funktion verstehen, können wir nachvollziehen, warum Verschwörungstheorien in der Regel nicht die Realität beschreiben, sondern ein inneres Weltbild offenbaren. Dann gelangen wir zu der Beobachtung, dass es heute an verbindenden Wahrheiten mangelt, die uns als Gemeinschaft im inneren Kern zusammenhalten. Verschwörungstheorien entstehen vor allem als Folge einschneidender politischer Ereignisse wie dem Kennedy-Attentat oder dem Tod der RAF-Terroristen in der Stammheimer Justizvollzugsanstalt, die eine tiefsitzende Skepsis zu bestätigen scheinen in der Form: «Ich habe es doch schon immer gewusst». Innere Regungen erscheinen als verdrängte Realität und werden auf die äusseren Ereignisse projiziert. Es bilden sich Gruppen, deren Kollektivdenken von der Paranoia statt von kritischem Verstand geprägt ist.

Die p-Kräfte haben sowohl eine soziale als auch eine zerstörerische Tendenz. Einerseits ist es das transzendierende Bedürfnis zur Verschmelzung, die Sehnsucht, «mit dem anderen Menschen, mit den Objekten der Welt und mit dem All *eins* und *gleich, verwandt* und *vereinigt* zu sein» (Szondi 1956: 35. Hervorhebung im Original). In ihrer krankhaften Form führen sie aber bis zu dem Wahnsinn des Nationalsozialismus, Menschen anhand ihrer Physiognomie in lebenswerte und lebensunwerte Kategorien einzuteilen. Wir meinen heute, weit davon entfernt zu sein. Verschwörungstheorien offenbaren aber, dass wir es nach wie vor nicht aushalten, ohne einen Feind zu leben.

4.3 Kontakt

Die Handlung von Alfonso Cuaróns Film *Gravity* lässt sich in fünf Abschnitte unterteilen, die unterschiedliche Dynamiken aufweisen: Zu Beginn befinden sich die Figuren in einem schwerelosen Zustand. Ihre Reparaturarbeiten am Hubble-Teleskop sind nicht nur von einer physischen, sondern auch von einer seelischen Leichtigkeit geprägt, und der Aufenthalt im lebensbedrohlichen Weltraum erscheint fast wie ein gemeinsamer Sonntagsspaziergang. Die Astronauten erzählen sich Witze und inszenieren die Schwerelosigkeit als Spiel. Durch den Einschlag der Satellitentrümmer kommt es zur ersten «gravierenden» Veränderung: Die Hauptfigur Ryan Stone (Sandra Bullock) wird in die Weite des Raums, in ein schwarzes Nichts katapultiert, wo sie atemlos um sich selbst kreist. Nachdem sie von ihrem Kollegen Matt Kowalski (George Clooney) «geborgen» wurde, ist der folgende Abschnitt der Handlung von den widersprüchlichen Bedürfnissen geprägt, Halt zu finden und loslassen zu können. Als Stone das Innere der Internationalen Raumstation (ISS) erreicht hat, kreist der Film hingegen um die Dynamik, entweder auf die Suche zu gehen, sich fortbewegen zu können oder steckenzubleiben. Schließlich beobachten wir nach Stones Rückkehr auf die Erde ihre Schwierigkeiten, sich der Schwerkraft anzupassen und erste Schritte auf sicherem, festen Boden zu machen. Dieses Endbild wird einerseits als Rückblick in die Stammesgeschichte inszeniert, denn wie unsere Urahnen muss Stone mühsam aus dem Wasser an das Land kriechen. Überdies ist es die zweite Wiedergeburtsszene des Films. Die erste sehen wir bei Stones Ankunft in der ISS, wo sie für einen kurzen Moment in einem Schwebezustand verharrt, der dem Embryo im Mutterleib gleicht.

Der Außen- als Innenraum

In seiner Besprechung von *Gravity* analysiert der Morphologe Dirk Blothner die physischen Konflikte als Abbild seelischer Grundkomplexe und deutet den Film «as a picture book of the psyche» (2015: 220). Auch er hebt das

Gefühl der Einsamkeit sowie die Suche nach Halt und Orientierung als zentrale Themen hervor (ebd.: 216, 218). Unter einem schicksalsanalytischen Blickwinkel eröffnen sich allerdings weitere Deutungsebenen, welche die Wirkung des Films auf den Zuschauer erklären. Drei Aspekte sind eine tiefere Betrachtung wert. Die Warnung vor der Lebensfeindlichkeit des Weltraums, welche die Anfangstitel hervorheben, und die wiederkehrende Bedrohung durch die alles zerstörenden Satellitentrümmer erinnern an das unbarmherzige Desinteresse «welches die Natur an uns hat [...]. Gott hat sich zurückgezogen und die objektiven Gesetzmäßigkeiten als seinen Schatten zurückgelassen» (Wirtz 1998: 73). Der anfängliche «Gottesblick» auf die Erde, dessen Schönheit Kowalski wiederholt bewundert, verwandelt sich schnell und überraschend in ein Gefühl der Verlorenheit, des Ausgeliefertseins an die Schöpfung. Dies wird noch unterstrichen, indem die Rückbindung (lat. = *religio*) zur Erde, die Kommunikation mit der Sicherheit versprechenden Basis in Houston, abbricht. Die «gute» Stimme erlischt, und die vergeblichen Funksprüche der Astronauten wirken wie Gebete, die hier nicht zum Himmel, sondern zur Erde gesendet werden. Doch Gott ist tot und antwortet seinen Kindern nicht mehr. Selbst das Gespräch mit einem Hobbyfunker bleibt ein Missverständnis, ein bitteres Aneinander-vorbei-Reden. Erst bei Stones Rückkehr zur Erde, in die Sphäre der Schwerkraft, stellt sich eine neue Kommunikation ein, auf welche sie nun nicht mehr antwortet. Durch ihren wiedererwachten Lebenswillen, die Auseinandersetzung mit ihren inneren Dämonen, braucht Stone keine Rückbindung mehr. Freud hat mit seiner Religionskritik scheinbar doch Recht gehabt.

Die Bilder von *Gravity* greifen auf einer tiefen Ebene auch elementare Vorstellungen von Weiblichkeit und Männlichkeit auf. Wenn wir Bilder einer Samenzelle betrachten, die ihren endlos scheinenden Weg durch die Dunkelheit zu der viel größeren Eizelle antritt, verstehen wir, warum uns die Raumfahrt so fasziniert. In der Struktur des Makrokosmos erkennen wir ein Abbild unserer eigenen Schöpfung wieder. Die Szene, in der Kowalski Stone aus ihrer erschöpfenden Rotation birgt, greift hingegen die Bindungsdynamik zwischen Männern und Frauen auf: «Es gibt eine Bewegung auslösende, aktive, irritierende Dynamik und eine haltgebende, passive, stabilisierende Funktion», erklärt der Psychologe Jürgen Vogt (2011: 25). Die erste schreibt er aufgrund seiner therapeutischen Erfahrung eher den Frauen, die zweite hingegen den Männern zu. Deshalb entstehen die meisten Bindungsprobleme dadurch, dass Männer nicht angemessen auf die Impulse ihrer Partnerinnen reagieren (ebd.: 26).

Anklammern und Loslassen

Dies führt uns zu der Deutung von *Gravity* als Bindungsdrama, dessen Handlungsabschnitte die seelische Entwicklung der Hauptfigur widerspiegeln. Indem Kowalski Stone sprichwörtlich an sich «bindet» gelingt es ihm, sie zu stabilisieren. Dies ist der Auslöser dafür, dass Stone von dem Unfalltod ihrer Tochter erzählt. Das plötzliche Auftauchen der Satellitentrümmer erscheint nun als gefährliche Rückkehr eines verdrängten Traumas, als seelische Krise, die Stone so sehr aus dem Gleichgewicht bringt, dass sie verzweifelt um sich selbst kreist. Kowalski macht ihr den Ausweg aus diesem Dilemma deutlich: Stone muss lernen loszulassen. Damit ist nicht gemeint, dass sie das eigene Leben aufgeben, sondern Bindungen auflösen soll, die sie vergiften. Kowalski stirbt also stellvertretend für die Tochter, damit Stone ihr Trauma erneut durcharbeiten und nun eine gesunde Lösungsstrategie entwickeln kann. Auf der Handlungsebene wird dieser innere Konflikt durch die widersprüchlichen Tendenzen ausgedrückt, sich anzuklammern oder loszulassen. Dies entspricht dem ersten Bereich des menschlichen Kontaktbedürfnisses, (+ m) und (− m), abgeleitet von Manie, wie es Leopold Szondi (1972) in Anlehnung an Imre Hermann (1936) definiert hat. Nachdem Kowalski die *Ver-Bindung* zu Stone gekappt hat, sehen wir, wie die Astronautin mit letzter Kraft versucht, einen Halt an der Raumstation zu finden, um in das rettende Innere zu gelangen.

Auf die Suche gehen oder Verharren

Der weitere Verlauf des Films ist von einer anderen physischen und seelischen Dynamik geprägt: Nachdem Stone Kowalski – und damit symbolisch auch ihre Tochter – losgelassen hat, versucht sie, von der Stelle zu kommen, das eigene Leben zu retten. Doch erneut muss sie hierfür scheinbar unüberwindliche Hürden meistern, die ihre Rückkehr zur Erde, oder metaphorisch gesprochen: zu einer erneuten *Erdung*, behindern. Die Handlung und die Bilder des Films kreisen fortan um die Tendenzen, entweder auf die Suche zu gehen oder zu verharren. Ging es vorher um das Thema Halt, stehen nun die Aspekte der Bewegung und der Veränderung im Zentrum. Stone versucht, mit einer Rettungskapsel zur chinesischen Raumstation zu gelangen, doch durch einen verhedderten Fallschirm bleibt sie zunächst stecken. Dann tauchen erneut die Satellitentrümmer auf, welche die Raumkapsel befreien. Wir können auch sagen: Die erneute Konfrontation mit den Trümmern ihres bisherigen Lebens ermöglicht Stone, die erdrückende Bindung aufzulösen und sich weiterzubewegen. Das atemraubende Kreisen und das Bedürfnis nach Anklammerung kann sie nun endlich in eine zielgerichtete Bewegung verwandeln.

Hier findet *Gravity* ausdrucksstarke Bilder für den zweiten Aspekt des menschlichen Kontaktbedürfnisses, dem Widerspruch zwischen Suchen und Beharren. In der Terminologie der Schicksalsanalyse sind dies die Tendenzen (+ d) beziehungsweise (– d), abgeleitet von der Depression. Kommt es zur Trennung von einem Partner, können wir uns entweder an das verlorene Objekt klammern (+ m) und an ihm klebenbleiben, wodurch andere Objekte entwertet werden (– d). Oder wir lernen loszulassen (– m) und auf die Suche nach einem neuen Partner zu gehen (+ d). Innerhalb einer Paarbindung werden die d-Kräfte auch zu einem Bedürfnis nach Treue oder Untreue, die m-Kräfte wiederum erscheinen als Tendenz zum Hedonismus oder zur Einsamkeit. In ihrer Krankheitsform manifestiert sich dieses Spannungsverhältnis als zirkulärer manisch-depressiver Zustand (vgl. Szondi 1972: 37 ff.).

Verdopplung

Bevor Stone am entscheidenden Wendepunkt des Films mit der Sojus-Kapsel zur chinesischen Raumstation aufbricht, präsentiert uns der Film einen Übergangsmoment, der sich schließlich als Halluzination der Astronautin herausstellt: Kowalski ist auf unerklärliche Weise zur ISS zurückgekehrt. Er beschreibt Stone, wie sie die treibstofflose Kapsel in Gang bringen kann und macht ihr ein letztes Mal Mut, nicht aufzugeben, sondern neuen Lebensmut zu fassen. Doch dann wird deutlich, dass Stone sein «Erscheinen» nur imaginiert hat. Warum baut Cuarón diese merkwürdige Szene ein, welche die Einsamkeit der Hauptfigur für einen kurzen Moment unterbricht? Aus schicksalsanalytischer Perspektive können wir sie als Abbild der inflativen Verdopplung deuten. Im Zusammenhang mit dem Paranoiakino haben wir uns bereits mit der Dynamik zwischen Egodiastole und Egosystole im Ich auseinandergesetzt. Die Ich-Erweiterung ist von den Tendenzen projektiver Partizipation (– p) und Inflation (+ p) geprägt, die Ich-Einengung wiederum von Introjektion (+ k) und Negation (– k).

Im Zusammenhang mit *Gravity* lohnt es sich, noch einmal auf die Bedeutung der Ich-Kräfte bei der Individualentwicklung und der Paarbindung zurückzukommen. Wie wir bereits in Kapitel 2 erläutert haben, geht das Bedürfnis nach Partizipation, der Wunsch, mit anderen Menschen «*eins* und *gleich, verwandt* und *vereinigt* zu sein» (Szondi 1956: 35), auf die frühe Dualunion zurück, in der das Kind sich und die Mutter als Einheit erlebt und noch nicht zwischen Vorstellung und Wahrnehmung unterscheiden kann. Für Szondi besteht ein menschliches Grundbedürfnis darin, diese Dualunion durch projektive Partizipation wiederherzustellen, was eine Gefahrenquelle sowohl für die persönliche Entwicklung als auch für die Paarbindung mit sich bringt. Denn Ent-Grenzung aus der Furcht vor dem Alleinsein führt zum Stillstand. «Das Ideal eines Paares ist, Freiheit in der Gebundenheit zu erleben» (Wirtz 2011: 30). Oder wie es der Psychologe Jürgen Vogt ausdrückt: «Paare müssen in der Lage sein, sich passend zu zerreißen.»[9]

Was hat dies mit der Szene in *Gravity* zu tun? Um aus der Verlassenheit der aufgelösten Dualunion zu flüchten, verdoppelt sich das Ich inflativ, wird gleichzeitig liebende und geliebte Person. Dies ist ein Wesenszug, den Szondi in seiner Ich-Analyse dem Weiblichen zuschreibt. «Die Machtform der Weiblichkeit ist: die *Seinsmacht*» (Szondi 1956: 270). Sie setzt sich aus der Dialektik des partizipativen *Einsseins* (– p) mit dem Kind, dem Mann und der Familie sowie dem inflativen *Doppelsein* (+ p) als Mutter und Kind, Frau und Mann, Individuum und Familie zusammen (ebd.). Hierdurch entsteht auch die besondere weibliche Fähigkeit zur Einfühlung. An dieser Stelle ist es wichtig hervorzuheben, dass mit dem Begriff Weiblichkeit nicht die reale Frau gemeint ist, sondern das «Wesen der Weiblichkeit» bei Männern *und* Frauen (ebd.: 268). Szondi unterscheidet zwischen sogenannten Dur- und Moll-Strebungen, die bei Frauen und Männern in unterschiedlichen Proportionen vorhanden sind. Geht es bei dem Weiblichen um die idealistische

---

9 Dieses Zitat entstammt einer privaten Korrespondenz.

Macht, alles sein zu können, zeichnet sich das Männliche hingegen durch das materialistische Alles-haben-Wollen aus (ebd.: 276). In *Gravity* wird die weibliche Seinsmacht durch Stones halluzinative Verdopplung aufgegriffen sowie durch die imaginäre Bitte an Kowalski, ihrer Tochter im Jenseits eine Botschaft zu überbringen. Die männliche Habmacht sehen wir unter anderem durch Kowalskis wiederholten Wunsch, den Rekord eines anderen Astronauten zu brechen.

Das Weltraum- als Bindungsdrama

Wechseln wir aus der Nahsicht in eine panoramatische Perspektive, können wir sagen, dass das Spannungsverhältnis zwischen Sein und Haben in *Gravity* auf den von Schwerelosigkeit geprägten Weltraum beziehungsweise die von Schwerkraft geprägte Erde übertragen wird. Stone muss lernen, sich nicht länger an die verloren gegangenen Objekte zu klammern, damit sie aus dem Kreisen um sich selbst eine zielgerichtete Suchbewegung machen kann. Das erklärt auch die Metapher der Satellitentrümmer. Der Satellit steht für den Ausgleich zwischen Bindungs- und Fliehkraft sowie für gelungene Kommunikation. Nachdem er in tausende Teile zerschellt wurde, wird er zum Symbol für ein zielloses Kreisen, das in seiner Beschleunigung lebensbedrohlich wird und die Verständigung abschneidet. Die Trümmer drohen, Stone immer wieder in die unendliche Weite und Dunkelheit des Raums zu katapultieren, wo keine Bindung und keine Kommunikation mehr möglich ist. Dies kann sie nur durchbrechen, indem sie den Wunsch nach Halt und Anklammerung in eine lebensrettende Suchbewegung verwandelt.

Alfonso Cuarón gelingt es also, elementare psychosexuelle Dynamiken in metaphorische Bilder und eine verbindende Handlung zu kleiden. Anhand eines Einzelschicksals werden universelle Aussagen über Männlichkeit und Weiblichkeit sowie den Umgang mit dem Verlassensein getroffen. Die Wirkung des Films ist umso stärker, weil er uns nicht ein gewöhnliches Beziehungsdrama oder eine psychologische Fallstudie präsentiert, sondern die menschlichen Konflikte in den symbolischen Raum des Weltalls verlagert, wo sie eine ungeheure Dynamik entwickeln: Die Dimensionen der äußeren und inneren Bewegung werden sprichwörtlich überlebensgroß; sie erhalten existenzielle, um nicht zu sagen kosmische Dimensionen. Überdies erinnert uns das Setting des grenzenlosen dunklen Raums unbewusst an den Kinosaal, in dem wir als Zuschauer der Handlung folgen. In Verbindung mit dem 3D-Effekt des Films werden wir auf diese Weise seelisch und körperlich noch tiefer in das Filmdrama hineingezogen. Cuarón gelingt es also, die Wahrhaftigkeit seiner Themen mit einer originellen Erzählweise zu vereinen. Damit folgt er Maurice Maeterlincks Kriterium, nach dem wir etwas entwerten, sobald wir es allzu deutlich aussprechen.

4.4 Gefühle

John Fords letztes Meisterwerk *The Man Who Shot Liberty Valance* (1962) erzählt von der Rivalität zweier Männer, die in der Kleinstadt Shinbone aufeinandertreffen: Tom Doniphon ist ein hartgesottener Einzelgänger, der sich nach einer eigenen Farm sehnt, sich «settlen» will. Er liest den schwer verletzten Anwalt Ransom Stoddard von der Straße auf, der bei einem Überfall von dem Outlaw Liberty Valance halb tot geschlagen wurde. Es ist ein wahrlich wilder Westen, den uns Ford hier präsentiert, eine Gesellschaft ohne Law and Order, in welcher nicht Leviathan, sondern das Gesetz des Stärkeren regiert. Selbst der Marshall des Städtchens wird als hedonistische Witzfigur gezeigt. Nur Doniphon wagt es, Liberty Valance die Stirn zu bieten. Er kann sich aber nicht dazu durchringen, Verantwortung zu übernehmen und den Revolverhelden zum alles entscheidenden Duell zu zwingen, obwohl er betont, er sei der schnellere Schütze. Ransom Stoddard hingegen will den Verbrecher durch das Gesetz in die Knie zwingen. Er bringt die Ideen der Aufklärung in die Stadt, lehrt ihre Einwohner die Grundlagen der amerikanischen Verfassung und beruft schließlich die erste Wahlversammlung ein.

In einem Showdown gelingt es Stoddard scheinbar, Liberty Valance in Notwehr zu töten. Doch, wie er später erfährt, war es Doniphon, der den erbarmungslosen Outlaw aus dem Hinterhalt erschoss. Stoddard geht aus diesem Drama als Sieger hervor. Er macht politische Karriere und gewinnt Hallie, in die auch Doniphon verliebt war. Am Ende, wenn Stoddard als gefeierter Senator nach Shinbone zurückkehrt, ist aus dem staubigen Ort eine blühende Landschaft geworden. Allein der düstere Hinterhof, in dem Doniphons Sarg aufgebahrt ist, erinnert noch an die raue Vergangenheit der Stadt. Schon vorher setzt Ford die Aufgabelung in hell und dunkel, Tag und Nacht ein, um den Einfluss Stoddards auf den Mikrokosmos der Kleinstadt zu verdeutlichen. Zu Beginn sehen wir Shinbone überwiegend nachts, in spärlich beleuchteten Einstellungen. Die Szenen in der Schule und während der Wahlversammlung, in denen Stoddard für die Errungenschaften der Aufklärung (englisch: *Enlightenment*) kämpft, sind jedoch taghell ausgeleuchtet.

Die Gegensätze von Gewalt und Ritterlichkeit, Zeigen und Verstecken sowie Licht und Dunkelheit, die Ford betont, machen deutlich, dass dieser Film um den Seinsbereich der groben und zarten Gefühle kreist (vgl. Jüttner 1990: 24). Um dies zu verstehen, müssen wir erneut einen genaueren Blick auf den entsprechenden Triebvektor werfen. Der Seinsbereich der Gefühle gliedert sich in die Faktoren *e* und *hy*, abgeleitet aus den Krankheitsformen Epilepsie und Hysterie. Die groben Gefühle (*e*) bestehen einerseits aus der Tendenz zum Aufstauen von Zorn, Missgunst, Eifersucht und Rache, die sich in einem gefährlichen Wutanfall entladen können (– *e*). Die gegensätzliche Tendenz ist das Streben nach Gewissenhaftigkeit, Gerechtigkeit, Güte und Frömmigkeit (+ *e*). Hier sind wir im Bereich von Gut und Böse, also bei der Ethik. Die zarten Gefühle hingegen sind einerseits von dem Bedürfnis geprägt, sich zur Schau zu stellen, beachtet zu werden und dafür bis zur Schamlosigkeit zu dramatisieren (+ *hy*). Die gegensätzliche Tendenz zeichnet sich durch den Drang zur Bescheidenheit aus, durch Scheu und Schamhaftigkeit sowie das Abdriften in eine Phantasiewelt (– *hy*). Hier sind wir im Bereich von Zeigen und Verstecken, also bei der Moral. Bei beiden Faktoren geht es um die Frage, was wir aus unserer Innenwelt nach außen tragen und sozialisieren. Und was wir vor der Welt verstecken, bis es sich dann aus Überdruck in einem Anfall entlädt. Szondi spricht deshalb von den paroxysmalen (anfallsartigen) Kräften. Diese Affektverdrängung gilt für die groben wie für die zarten Gefühle. Sind Epilepsie, Migräne oder Stottern nach außen getragene Zeichen eines ethischen Dilemmas, so weisen Hysterie, Phobien, Angststörungen und psychosomatische Krankheiten auf ein moralisches Dilemma hin.

Der bekannteste Affektverdränger ist Kain. Er staute die Eifersucht und die Missgunst gegenüber seinem Bruder Abel so lange auf, bis er diesen in einem Anfall von Raserei erschlug. Seine Strafe war aber nicht der eigene Tod «Auge um Auge», sondern er wurde zum Städtebauer, zum Begründer von Kultur. Das Kainsmal, das er trägt, ist kein Stigma, vielmehr weist es ihn als Menschen aus. Wir sind alle Kinder Kains, denn von Abel gibt es keine

Nachkommen. Leo Tolstoi verarbeitet dieses Motiv in seinem Roman *Die Brüder Karamasow*. Das Heilige als Weiterentwicklung des Mordenden finden wir überdies in der neutestamentarischen Geschichte des Saulus, der vom Christenverfolger zu dem Heiligen Paulus wird. Und aus der neueren Geschichte ist uns das Beispiel des nationalsozialistischen Verbrechers Hans Frank bekannt, der nach seiner Verhaftung ebenfalls zum «Homo sacer» wurde und während der Nürnberger Prozesse die Bibel studierte.

In *Kain. Gestalten des Bösen* (1969) weitet Leopold Szondi dies zu einem anthropologischen und kulturhistorischen Blickwinkel aus. Anhand religiöser Überlieferungen und zahlreicher klinischer Beispiele zeigt er, dass Ethik erst als Gefühl von Schuld und als Drang zur Wiedergutmachung für die tötende Gesinnung des Menschen entsteht. Der Kain-Mythos führt uns also vor Augen, dass Kultur lediglich die sublimierte Form des Antisozialen ist. Wer Blut sehen will, kann zum Mörder werden, zum Chirurgen oder zum Krimi-Regisseur. Im Falle des Chirurgen bedarf es einer massiven Verfeinerung des Triebes. Er muss in der Lage sein, die Blutlust in ein millimetergenaues Schneiden zu kultivieren. Wie schwierig es ist, den Andrang der seelischen Kräfte im Gleichgewicht zu halten, zeigen die sogenannten «Kunstfehler» der Chirurgen, wenn sich für einen kurzen Moment wieder die Mordlust Bahn bricht. Dies ist das Gegenbild zu Rousseau und dessen Annahme eines von Natur aus guten und friedfertigen Menschen. In der Anthropologie der Schicksalsanalyse bedeutet Kultur, aus Gewalt Ethik und aus Mordgeschrei Poesie zu machen. Für Szondi wird dies in der Figur des Moses personifiziert, den er als «abelisierten Kain» bezeichnet.

An diesem Punkt wird der Unterschied zwischen Psychoanalyse und Religion deutlich: Der Widerstreit zwischen lebenszugewandten und lebensabgewandten Dynamiken, welche die Psychoanalyse im Menschen verortet, wird in der Religion nach außen projiziert, auf die Dualität von Gott und Teufel. Mit Szondi können wir sagen, dass die Idee der Erbsünde ein anderer Blickwinkel auf unsere Stammesgeschichte, auf die Entwicklung von Kain zu Moses, ist. Das führt uns zu einer neuen Betrachtung von Genrekonstruktionen: In Horrorfilmen wimmelt es von Dämonen, von Häusern, die «heimgesucht» werden, oder von Fratzen, die uns plötzlich anblicken. Es würde sich lohnen, eine psychohistorische Reise durch dieses Genre zu machen, und dabei zu untersuchen, welche Motive im Laufe der Filmgeschichte auftauchen, wann sie von anderen abgelöst werden, und was uns das über die jeweilige

Zeit verrät. Wenn wir erneut an die drei Modelle des Unbewussten denken, dann erscheint der Horrorfilm in Freuds Denken als Blick auf die Ontogenese, in der Schicksalsanalyse hingegen ist es der Blick auf die Phylogenese. Der Seinsbereich der Gefühle erklärt auch die Faszination moderner Märchenfilme wie *Star Wars* (1977): Die Macht (in der Originalfassung wird von «The Force» gesprochen) ist ein Abbild der seelischen Kräfte. Auf der Seite der Jedi führt sie zu übermenschlichen Fähigkeiten, zur Bewahrung des Guten. Die Jedi-Ritter folgen einem Kodex, der das Morden untersagt. Auch auf der «dunklen Seite» setzt die Macht immense Kräfte frei, sie wird aber von Angst, Hass und einer tötenden Gesinnung begleitet. Bezeichnend ist, dass die Guten zunächst die Schwächeren sind und das Böse erst im Laufe dreier Filmepisoden besiegen können. Dies erinnert an das Motiv von David und Goliath. Wie der Psychoanalytiker Jürgen Vogt in seinem Aufsatz über den «Ursprung der Religion» ausführt, wird in diesem Mythos die Akzeptanz der Verwundbarkeit als Voraussetzung einer religiösen Vorstellung verarbeitet:

> Der Wunsch – des Erwachsenen wie des Kindes – ist, die Verwundbarkeit zu überwinden. Durch die Akzeptanz der eigenen Verwundbarkeit und die Bereitschaft, sich selbst als Opfer (stellvertretend können auch andere genommen werden) anzubieten, soll das ‹Böse› und die ihm innewohnende zerstörerische Aggression abgewehrt werden. Die Opferung ermöglicht das Weiterleben und die Wiederauferstehung (Vogt 2003: 4).

Auch *Star Wars* verarbeitet also das Motiv von Kultur als Verfeinerung der antisozialen, tötenden Gesinnung. Diese Erscheinungsform der Macht ist aber mit Asexualität verbunden: Die «Guten» leben im Zölibat. Dies erinnert uns an eine beunruhigende Idee Sigmund Freuds. In seinem Briefwechsel mit Albert Einstein kommt er zu der Feststellung, dass eine maximale Verfeinerung der menschlichen Triebe zum Erlöschen der Sexualität führt (2004 [1933]: 176). Ein Höchstmaß an Kultur bedeutet also, dass wir aussterben. Deswegen geht es der Schicksalsanalyse um die Integration der Kain- und Abel-Kräfte, nicht um die unmögliche Abspaltung des Bösen. In seinem Sonett *Natur und Kunst* (1800) dichtet Goethe die berühmte Zeile «Das Gesetz nur kann uns Freiheit geben». Dies bezieht er auf die Transformation vom Sturm und Drang hin zur Klassik. Unter dem Blickwinkel der Schicksalsanalyse lässt sich der Vers aber viel umfassender deuten: Die Ich-Eingrenzung ist der Weg zur Freiheit.

Wo finden wir diese Gedanken in *The Man Who Shot Liberty Valance* wieder? Die oberflächliche Lehre des Films lässt sich so zusammenfassen, dass Kultur, Recht und Gesetz nur durch Gewalt als Law Enforcement zu haben sind. Hier sind wir bei Thomas Hobbes und der Diskussion um «homo homini lupus». John Ford zeigt uns aber weit mehr als den simplen und oft erzählten Kampf zwischen Gut und Böse. Er weist uns darauf hin, dass beide untrennbar miteinander verwoben sind. Dies macht der Regisseur durch leitmotivische Gegensatzpaare deutlich, die um das Spannungsverhältnis zwischen Ethik und Moral kreisen.

Zeigen und Verstecken

Der Sieg des Guten ist von vornherein vergiftet, denn Recht und Gesetz offenbaren sich als bigott. John Ford entlarvt die Politik als hysterisches Spektakel. Sie wird im wahrsten Sinn des Wortes zum Politzirkus, wenn die Kandidaten wie in einer Westernshow mit Pferd und Lasso in die Versammlung reiten. Selbst die Wahl Stoddards gründet sich lediglich auf seinen publikumswirksamen Mythos als Goliath-Bezwinger. Es ist ein pessimistischer Rundumschlag Fords gegen die Institutionen der amerikanischen Gesellschaft, bei dem auch der Mythos der Presse als Vierte Gewalt ad absurdum geführt wird. Sie lässt den wahren Helden im Orkus der Geschichte verschwinden. Um mit Szondi zu sprechen, zeigt dies, dass sich sowohl Politik, Presse als auch Showgeschäft aus den hysterischen Kräften speisen.[10]

Diese Deutungsebene erschließt sich durch einen genaueren Blick auf die Filmfiguren: Doniphon gefällt sich in seiner Rolle als männlich-draufgängerischer Revolverheld. Doch er ist nicht bereit, Liberty Valance zu stellen. Auch bei der Delegiertenwahl für die Statehood Convention lehnt er seine eigene Nominierung ab. Als er dann doch Verantwortung übernimmt und Stoddard vor dem Tod rettet, bleibt er erneut im Schatten und überlässt diesem den Ruhm für die Bezwingung des Outlaws. Zwar offenbart er Stoddard seine Heldentat schließlich, doch nur, um dann erneut eilig von der «Bühne»

---

10 Ohne sich des psychologischen Zusammenhangs bewusst zu sein, greift Ron Kellermann diesen Aspekt in seinem *Storytelling-Handbuch* (2018) auf. Darin untersucht er, wie die Werkzeuge der fiktionalen Dramaturgie auch im Journalismus sowie in der politischen Kommunikation angewendet werden können.

zu verschwinden. Da Doniphon also zu schamhaft ist, erntet Stoddard seinen Ruhm. Zunächst trägt dieser die Maske des Gesinnungsethikers, der Liberty Valance durch das Gesetzbuch statt durch den Colt bezwingen will. Seine Waffe beim alles entscheidenden Duell fällt dann auch entsprechend mickrig aus, wirkt wie ein Kinderspielzeug. Doch Stoddards Aufstieg, der ihn bis zum Senator befördert, wird zur Lebenslüge. Er hat die Mechanismen der Politik verstanden und besitzt die Qualitäten eines Stars: Er weiß, wie er sich bewegen muss, um beim Publikum eine Wirkung zu erzeugen. Doch trotz seiner Beichte, welche die Rahmenhandlung bildet, verachtet Hallie ihn dafür. Ihr Blick am Ende des Films scheint zu fragen, ob sie sich von Stoddard blenden ließ. Frauen lieben Sieger, aber sie sind fähig, zwischen Echtheit und Falschgeld zu unterscheiden. Hier weist uns John Ford auf eine gefährliche Verbindung zwischen den groben und feinen Gefühlen hin, durch die sich Kain geschickt zu tarnen vermag:

> Die tötende Gesinnung Kains ist äußerst erfinderisch. Sie fand in der Weltgeschichte immerfort neue Ziele und neue Motive zum Töten. Kain ist aber nicht nur der Träger der tötenden Gesinnung. Er staut nicht nur Wut und Haß, Zorn und Rache, Neid und Eifersucht, die er dann plötzlich, explosionsartig entlädt, in sich auf, Kain drängt auch grenzenlos zur Geltung. Alles, was Wert hat, will er in Besitz nehmen und seine Macht im Haben und Sein maßlos vermehren (Szondi: 1969: 8).

Mit anderen Worten: Kain ist der erste Kapitalist. Der Einzige, der ungehemmt seine Wut und Schamlosigkeit nach außen trägt, ist der Räuber Liberty Valance. Er sieht in seiner ungezügelten Aggression und seiner Geltungssucht keinen Verstoß gegen die Gemeinschaft. Wie Doniphon ist er eher Achill als Odysseus, und deshalb sind seine Tage gezählt. Sich die Macht zu nehmen, ist in Ordnung. Man muss nur so tun, als wolle man sie nicht.

Gut und Böse

Bereits durch Stoddards Namen, der eine Anspielung an das englische Verb für stottern (*to stutter*) ist, wird sein Wesen als abelisierter Kain deutlich. Zunächst verdrängt er seine groben Affekte und lehnt jede Gewalt strikt ab. Er setzt auf Ethik statt auf Rache, was ihm die Sympathie Hallies einbringt.

Doch als Doniphon ihn zum begossenen Pudel macht, schlägt Stoddard diesen nieder. Sein Duell mit Liberty Valance erinnert einerseits an den Kampf zwischen David und Goliath, doch Stoddard trägt hier auch Züge des Moses. Wie dieser staut er seine Wut so lange auf, bis sie sich in Gewalt entlädt. Und wie dieser wird er zum Gesetzbringer. Der Kain-Moses-Dialektik widmet sich Szondi vier Jahre nach *Kain. Gestalten des Bösen* in seinem Buch *Moses. Antwort auf Kain* (1973). Erneut zieht er für seine Untersuchung religiöse Schriften und klinische Fallstudien heran, um die Frage zu beantworten, wie ein Mensch «mit den bösen Trieben Gott dienen kann» (ebd.: 121). Der Figur des Kain als Abbild der tötenden Gesinnung des Menschen, die sich durch die Geschichte hindurch in unterschiedlichsten Facetten zu erkennen gibt, «von der Steinzeit bis ins Atomzeitalter» (1969: 8), stellt Szondi den Moses als ergänzendes Bild entgegen. Dabei unterscheidet er zwischen der religiösen Überlieferung und den psychologischen Aspekten, die darin zum Ausdruck kommen:

> Der Mann Moses und der Mensch Moses waren nur körperlich identisch. Obwohl der Mann und der Mensch das Schicksal Moses zusammen bedingten, kamen dennoch beide im Leben des Schicksalsträgers verschiedentlich zum Vorschein.
>
> Der Mann Moses wurde von den meisten Religionshistorikern als Prophet, Religionsstifter, Ahnherr der Priester, Berufspriester gesehen, von anderen als Führer, als Gesetzgeber verehrt, der mit dem Dekalog einen Gemeingeist, einen Jahwegeist, einen Israelgeist geschaffen hat.
> [...]
> Wir sind der Ansicht, daß in den religionshistorischen Büchern der Mensch Moses zu kurz gekommen ist. Obwohl sein Zorn häufig erwähnt wird, bleiben die seelische Entwicklung und die Umwandlung eines jungen Prinzen am Hofe Pharaos zu einem Gottesmann der Juden psychologisch unverständlich.
> [...]
> Als Schicksalsanalytiker denke ich anders. Das Totschlagen war in der seelischen Entwicklung des jungen Menschen Moses schicksalsformend. Hätte der junge Moses den Ägypter nicht totgeschlagen, so wäre vielleicht der Mensch Moses nie zum Mann Moses emporgereift.
> [...]
> *Die Antwort Moses auf Kain war der Dekalog* (1973: 7f. Rechtschreibung u. Hervorhebung im Original).

Am Ende seiner Untersuchung fasst Szondi die seelisch-kulturelle Entwicklung, die er in beiden Büchern dargelegt hat, in einem prägnanten Satz zusammen: «Der Sprung vom Töten in die Schuld ist der Ur-Sprung des Gewissens» (ebd.: 149).

Auch Doniphon trägt kainitische Züge. Nachdem er seine Jugendliebe Hallie an Stoddard verliert, brennt er wie von Sinnen die Farm nieder, die er für sich und Hallie aufgebaut hatte. Seine groben und zarten Gefühle explodieren sprichwörtlich, nachdem er sie zu lange unterdrückt hat. Nun verliert Doniphon seine Scham und offenbart die Verletzlichkeit, welche er hinter der Fassade des unantastbaren Revolverhelden verborgen hatte. Im letzten Moment schafft er sich eine Bühne für sein Innenleben – doch das Publikum bleibt diesmal fern. Es ist zu spät und die Show zu infantil. Doniphons Strafe ist die spurenlose Entfernung aus der Geschichte. Dass ein Flammenmeer sein Versinken in der Dunkelheit einleitet, erinnert an Szondis Charakterisierung des Kain:

> In der griechischen Variation der jüdischen Sage wird Kain treffend ‹der Lichtlose› genannt [...]. Die Schicksalspsychologie faßt die ‹Lichtlosigkeit› der Kainiten als Folge eines seelischen Prozesses zwischen Affekt und Ich auf. Und zwar so: Die Überschwemmung der aufgestauten groben Affekte bei einem Kainit kann das Licht des Ichs, also das klare Bewußtsein, die Selbstkontrolle über die Affekte und über die Motorik, die reale Beziehung zur Wirklichkeit, auslöschen (1969: 157. Rechtschreibung im Original).

Zusätzlich zu dieser Metaphorik weist Szondi in Anlehnung an den Philosophen Gaston Bachelard auf Kain als Brandstifter und seine Beziehung zum Feuer hin: «‹Es ist ein Schutzengel und ein strafender Gott› [...] Kurz: Das Feuer symbolisiert die Grundlage der Ethik, also des Guten und des Bösen in einem Element» (Bachelard 1959: 19 zit. n. ebd.: 79).

Der Name von Liberty Valance wiederum steht für das Verständnis von Freiheit als Anarchie, die keine Begrenzung und keine Ethik zulässt, wodurch als Folge aber auch keine Kultur möglich wird. Liberty Valance ist die deutlichste Verkörperung des Kain. Seine Überfälle, in denen er besinnungslos vor Wut auf seine Opfer einschlägt, sind Anfälle.

Die Erzählung als ethisches Manifest

Ford variiert die Moses-Erzählungen des Alten Testaments zu einem amerikanischen Gründungsmythos. Durch die Gegenüberstellung der Filmfiguren weist der Regisseur auf drei Entwicklungsstufen einer Gemeinschaft hin: Die kainitische, die sich durch das Recht des Stärkeren auszeichnet, eine krude Ritterlichkeit, die in ihrem Partizipationsdrang aber zu infantil ist, und die Verbindung von Ethik und Moral, die immer in Gefahr ist, auf eine bigotte Show hinauszulaufen, in der «Staatsschauspieler» regieren. Ist Liberty Valance eine Verkörperung Kains und Stoddard die des Moses, dann ist Doniphon der komplexeste Charakter: Er handelt ethisch, indem er Valance in Notwehr tötet. Doch nicht er, sondern Stoddard nimmt den Platz des Helden ein.

Joseph Campbells Modell der Heldenreise beruht in seinen Grundzügen darauf, dass die Hauptfigur sich gegen alle inneren und äußeren Hindernisse seelisch weiterentwickelt und ihre Erkenntnisse mit dem Kollektiv teilt. John Ford führt uns vor, wie eine Erzählung die Wahrheit überlagert, weil der eigentliche Held sich seiner Entwicklung verweigert. *The Man Who Shot Liberty Valance* ist also eine Geschichte über das Entstehen der Kultur und die damit verbundene Notwendigkeit von Erzählungen. Wir brauchen sie «nicht weniger [...] als Nahrung», schreibt Neil Postman (1999: 143). Denn über die großen Erzählungen versichern wir uns unserer selbst. Sie sind das Manifest unserer Ethik:

> Wir wissen, daß Skepsis, Desillusionierung, Entfremdung – und all die anderen Worte, die wir verwenden, um einen Sinnverlust zu beschreiben – zu Charakteristika unserer Zeit geworden sind, die jegliche gesellschaftliche Institution erfaßt haben.
> [...]
> Wo aber finden wir eine Erzählung [...]? Die Antwort, denke ich, lautet, eben dort, wo wir seit jeher neue Erzählungen gefunden haben: in den älteren, die wir bereits kennen. Eine Erzählung für unsere Zeit brauchen wir nicht zu erfinden. Die Menschen tun das nie. Seit den Anfängen bewußten Lebens haben wir unsere Erfahrungen mit uns selbst und mit unserer stofflichen Welt zu Schilderungen verwoben, und jede Generation hat ihre Form der Wiedergabe an die nächste weitergereicht. Und die neuen Generationen, die mehr und mehr Erfahrungen mit der Welt und ihrer Komplexität gemacht haben, mußten die alten Geschichten auf neue Weise lesen – nicht ablehnend, sondern sie revidierend und so erweiternd, daß ihr Sinnge-

halt das Neue und Komplexe aufnehmen konnte (ebd.: 142f. Rechtschreibung im Original).

Deshalb entlässt uns John Ford mit folgendem Fazit aus seinem Film: «This is the West, sir. When the legend becomes fact, print the legend.» Das erklärt auch die Doppeldeutigkeit des Titels, der in Wahrheit lauten müsste: *The boy who shot Liberty Valance and the man who earned the merits for it.*

4.5 Körper und Sexualität

In den vorangegangenen Abschnitten haben wir uns anhand verschiedener Filme und Filmgenres mit unterschiedlichen Aspekten der Schicksalsanalyse auseinandergesetzt: dem familiären Unbewussten, Szondis Ich-Modell, dem Kontaktbedürfnis sowie den groben und zarten Gefühlen. Im letzten Abschnitt dieses Kapitels soll es nun um den letzten Seinsbereich gehen: den Körper und die Sexualität. Es liegt nahe, sich diesem Thema über den Liebesfilm zu nähern. Erneut greifen wir dazu eine bestehende Filmanalyse auf und untersuchen, wie sich ihr Blick durch die Schicksalsanalyse erweitern lässt.

In seiner Besprechung von Stephen Frears' *Dangerous Liaisons* (1988) stellt Dirk Blothner aus morphologischer Sicht «das Verhältnis von Bestimmen und Bestimmt-Werden» (1991: 4) als Grundproblem oder -komplex des Films heraus. Denn der Film kreist, wie Blothner ausführt, um das Spiel der Verführung. Zu Beginn seiner Analyse stellt er fest, dass *Dangerous Liaisons* Verärgerung im Publikum ausgelöst hat und untersucht im Folgenden, wie diese Reaktion zu erklären ist. Dabei stellt Blothner einen Wandel in der Geschichte und im Erleben dieses Films fest: Zunächst befinden sich die Zuschauer durch den Blick des Vicomte de Valmont im erregenden Modus des Verführens, der in beiden Geschlechtern eine erotische Spannung auslöst (ebd.: 4f.). In der Mitte des Films dreht sich das Geschehen jedoch; und mit ihm die Verfassung der Zuschauer. Als der Vicomte vom Verführer zum Verliebten wird, verwandelt sich seine Manipulation in ein «Getrieben-Werden» (ebd.: 6), das er mehrfach durch den Satz «Dagegen bin ich machtlos» (im Original: «It's beyond my control») ausdrückt. Aus Aktivität wird Passivität. Am Ende des Films verwandelt sich das Ausgeliefertsein der männlichen Figuren gegenüber ihren Gefühlen sowie dem Ränkespiel der Marquise de Merteuil erneut: Die Ohnmacht wird zur Aggression, wenn sich de Valmont und der Chevalier Danceny zu einem tödlichen Duell treffen. In dieser zweifachen Wandlung sieht Blothner die Ursache für die Reaktion der Zuschauer. In Anlehnung an Freuds Hysteriestudien deutet er sie als Verdrängung ihres eigenen unbewussten Wunsches, sich dem Spiel der Verführung hinzugeben, den sie nun aus der Perspektive des vermeintlichen Opfers auf den Vicomte projizieren.

Aus dem Blickwinkel der Schicksalsanalyse lässt sich die Deutung der Handlung und ihrer Wirkung auf den Zuschauer ergänzen. Das Spannungsverhältnis zwischen Aktivität und Passivität, Verführen und Verführt-Werden sowie Ohnmacht und Aggression, welches der Film entfaltet, erfassen wir genauer, wenn wir den entsprechenden Seinsbereich betrachten. Er besteht aus den gegensätzlichen Bedürfnissen nach Personenliebe (+ h) und Menschheitsliebe (– h) sowie aus dem Drang nach Aktivität (+ s) und Passivität oder Hingabe (– s) (vgl. Szondi 1972: 38). Mit diesem Triebvektor erweitert Szondi die Aufgabelung in Eros und Thanatos bei Freud (1920). In dem Faktor *h* sieht Szondi «die Triebkraft, welche alles Lebende zueinanderzieht und zusammenhält» (ebd.: 66). Diese schreibt er dem Wesen der Weiblichkeit und der Mütterlichkeit zu (ebd.: 39). Den Faktor *s* hingegen assoziiert er mit Männlichkeit und Väterlichkeit (ebd.). Hierin erkennt er das «Bedürfnis nach Zerstörung und Selbstzerstörung, nach Sadismus und Masochismus [...] Nichts gibt es an Abbau und Auflösung, an Zerstörung und Zerstückelung, an Leiden und Tod, an Mord und Selbstmord in der Welt ohne die Mitwirkung des Faktors *s*» (ebd.: 73). Es ist jedoch wichtig zu erwähnen, dass damit die überdrehte, unkultivierte Erscheinungsform dieses Bedürfnisses gemeint ist. Das lateinische Wort *aggredior* bedeutet lediglich: auf die Welt zugehen. Ohne ein Mindestmaß an Aggression entsteht nichts Neues. Auch Lesen ist ein aggressiver Akt, denn ich muss mich mit den Gedanken des Autoren auseinandersetzen, sie sprichwörtlich «auseinandernehmen», damit ich etwas verstehe. Deshalb spricht Szondi allgemeiner von «Aktivität».

Dieser Gegensatz zwischen Tod und Leben, Krieg und Frieden, Männlichkeit und Weiblichkeit erinnert an Gustav Holsts Orchestersuite *The Planets* (1916). Den ersten beiden Sätzen gibt der Komponist die Überschriften «Mars, the Bringer of War» beziehungsweise «Venus, the Bringer of Peace». Dem dräuenden, stakkatohaften Kriegslärm folgen dort friedvolle und harmonische Klänge. Doch wie in jedem Seinsbereich sind die widerstreitenden Kräfte aufeinander angewiesen. Erst durch ihren Ausgleich, durch ihr Zusammenwirken entsteht Kultur. Deshalb ist William Friedkins Film *To Live and Die in L. A.* kein reines Remake von *The French Connection*, sondern eine Weiterentwicklung. Er verbindet eine männlich geprägte Handlung mit einer weiblichen Anmutung. Dafür wählt der Regisseur diesmal einen anderen Schauplatz, entsprechende Crewmitglieder und einen passenden Soundtrack. Aus den harten New Yorker Winterszenen im Stil der Siebzigerjahre, die mit atonalem Jazz illustriert sind, wird nun eine androgyne Szenerie in Pastellfarben, untermalt mit weichen Klängen:

> I didn't want the film to be a clone of *The French Connection*. I would abandon the gritty macho look of that film for something more in the unisex style of Los Angeles in the 1980s. I went to Lily Kilvert, not only because she was a talented production designer but for a feminine sensibility. I hired other women as key members of the crew, including costume designer Linda Bass and a brilliant set decorator, Cricket Rowland.
> [...]
> In England the year before, I'd heard a band called Wang Chung, whose name came from the sound a guitar makes when strummed. [...] Band members Jack Hues and Nick Feldman were at the forefront of what was then called post-punk New Wave. Their sound was created on electronic instruments, a drum kit and keyboard. The lyrics were offbeat, suggestive, and slightly subversive (Friedkin 2014: 384).

Im Koitus verschmelzen die gegensätzlichen Kräfte auf schöpferische Weise. Aus dem Eindringen und Überwältigen auf der einen Seite und der Hingabe und der persönlichen Liebe auf der anderen entsteht neues Leben. Hier springt, um mit der Psychoanalytikerin Edeltrud Meistermann-Seeger zu sprechen, der göttliche Funke über. Entscheidend ist auch diesmal, dass sich die Kräfte ausgleichen: Durch ein Übermaß an Aggression wird der Schöpfungsakt zur Vergewaltigung, bliebe sie vollständig aus, entstünde keine Vereinigung. Deswegen lautet die goldene Regel der Verführung, nicht zu viel, aber auch nicht zu wenig zu tun. Beides führt dazu, dass sich das Liebesobjekt dem Verführer entzieht. Denn im ersten Fall äußert er zu viel Bedürftigkeit, im zweiten weckt er keine Erregung.

Dieses Prinzip spiegelt sich im Pas de deux wider. Erst das wiederholte Spiel zwischen Annäherung und Entfernung führt schließlich zur Vereinigung des Paars.[11] Um dies zu verstehen, müssen wir uns Folgendes vergegenwärtigen:

> Männer scheinen geprägt von einer Entdeckerlust dem weiblichen Geschlecht gegenüber [...] Die Beziehung des Mannes zur Frau ist von Anbeginn von Berührung geprägt: Das Innere, die Brust; die Beziehung der Frau zum Mann ist von dem Berührungsverbot geprägt: Daher fällt es Frauen oft schwer, Männer anzufassen und zu berühren (Wirtz 2011: 32).

Auch die Geste des Handkusses greift dieses Spannungsverhältnis zwischen Erkundungslust und Berührungsverbot auf, indem die Bewegung vor ihrer Vollendung abbricht. Die intime Berührung der Lippen wird nur angedeutet.

Diesen zeremoniellen Charakter der Verführung zeigt uns auch *Dangerous Liaisons*. Um die Wirkung dieses Films auf den Zuschauer nachzuvollziehen, sind aber noch grundlegende Gedanken zur Paarbindung und Sexualität wichtig: «Sexuelle Erregung – erotisches Begehren – Liebe, so bewegt sich die Entwicklung», schreibt der Psychoanalytiker Rolf-Arno Wirtz.

> Die sexuelle Erregung ist dem Trieb am nächsten [...] Das Ziel ist das Gefühl der Stärke und der Dominanz, eine Niederlage soll in einen Triumph verwandelt werden. Dabei ist das Objekt vollkommen austauschbar, hat höchstens eine Bedeutung als Fetisch, der immer eine leere geistige Struktur hat, der, wenn er die Kraft nicht mehr vermittelt, eine Kettenreaktion immer neuer Objekte auslöst.
> [...]
> Das erotische Begehren hingegen bezieht sich auf die Lust und die Nähe, die man mit einer ganz bestimmten Person erleben will. Dieses Verlangen nach Nähe, Verschmelzung und Vereinigung mit einer exklusiven Person, die man im Inneren besetzen will oder von ihr besetzt werden will, ist aber auch gekennzeichnet dadurch, daß man mit Macht eine Grenze überschreiten will, ein aggressiver Akt, der die Grenzen des Anderen nicht akzeptieren kann und will. Deshalb sind diese Träume einer Objektbeziehung jenseits von Besitz und Eifersucht eine Idylle, die nicht existiert. Die Liebe scheint auch eine sanfte Form der Eifersucht zu sein, und nur in der Zeit der Eroberung oder Verführung sind wir auf eine merkwürdige Weise frei von jeder Spur der Eifersucht.

---

11 Dass der Blick auf die gemeinsame Paarbewegung auch kulturell gefärbt ist, verstehen wir, wenn wir den Walzer mit dem Tango vergleichen.

> Die Befriedigung des erotischen Begehrens ist das Eins-Werden mit der sexuellen Erregung und dem Orgasmus des Sexualpartners, Anteil zu haben an der Lust des Anderen ist das Zeichen der Liebe, das wir verlangen, und dies geht mit dem Gefühl einer, zugleich beide Geschlechter zu haben, vorübergehend die Barriere überwinden zu können, die normalerweise die Geschlechter voneinander trennt. [...] Es ist sozusagen eine intersubjektive Transzendenz, die den Riss in unserer Existenz heilt (1998: 75 ff. Rechtschreibung im Original).

Frears' Film bildet diese Entwicklung nach. Valmont ist gegenüber Madame de Tourvel zunächst von sexueller Erregung erfüllt, für die er sich gleichzeitig Cecile de Volange und die Marquise de Merteuil als weitere Objekte wählt. Das gilt ebenso für die Marquise, welche nicht nur Valmont, sondern auch Danceny verführt. Bis hierhin sind die Figuren und mit ihnen die Zuschauer noch von der prickelnden Erregung erfüllt, die Blothner feststellt. Als der Vicomte sich aber in Madame de Tourvel verliebt und die sexuelle Erregung so zum erotischen Begehren wird, kommt es zu einer gefährlichen Triangulierung:

> Damit ist [...] der in der bewußten oder unbewußten Phantasie bei der Sexualität anwesende Dritte gemeint. [...] Der oder die Dritte bleibt als das unerreichbare, aufreizende Objekt in der Phantasie anwesend und hat den Sinn, den Sexualpartner zu erniedrigen (ebd.: 80. Rechtschreibung im Original).

Das ist der Punkt, an dem das aktive Bestimmen in ein passives Bestimmt-Werden umschlägt, über welches Blothner schreibt. Dies umso mehr, als sich Valmont und mit ihm die Zuschauer schließlich als Marionetten im Ränkespiel der Marquise wahrnehmen. Gegenüber Danceny äußert er: «In this affair we are both her creatures.» Aus der männlichen Perspektive des Verführers kommend, findet er sich schließlich in der weiblichen Perspektive des Verführten wieder. Und wie Männer es oft tun: Die Ohnmacht wird durch Aggression ausgeglichen. Aus dem anfänglichen Pas de deux wird nun ein blutiges Duell, das einen homosexuellen Charakter trägt. Die Sexualität ist eben ein Schlachtfeld, auf dem der Kampf der Geschlechter ausgetragen wird. «Die Bilder der Frau sind davon gekennzeichnet», schreibt Rolf-Arno Wirtz:

> Die Frau als Beute und als Kriegseroberung, die Frau als Fetisch, die Frau als Utopie, die Frau als unerreichbares, kristallines Objekt, als Schmuck. Aber all diese Frauen-

bilder befriedigen vor allem den Narzißmus einer Frau. Erst verspätet merkt der Mann, daß er in seiner Illusion der Eroberung sich wiederfindet in der geheimen Sammelvitrine einer Frau, die das erschreckend Medusenhafte einer Frau darstellt (ebd.: 75. Rechtschreibung im Original).

Entsprechend offenbart sich die Marquise gegenüber Valmont:

> Well I had no choice, did I? I'm a woman. Women are obliged to be far more skillful than men. You can ruin our reputation and our life with a few well-chosen words. So of course I had to invent not only myself but ways of escape no one has every thought of before. And I've succeeded because I've always known I was born to dominate your sex and avenge my own. [...] I became a virtuoso of deceit.

Aus der Perspektive der Schicksalsanalyse können wir also sagen, dass die Handlung von *Dangerous Liaisons* die Bewegung der Paarbildung nachvollzieht und dabei zwischen einem männlichen und einem weiblichen Modus osziliert. Zu Beginn erleben wir das männlich-aktive Verführen als sexuelle Erregung (+ s). Dieses entwickelt sich zum erotischen Begehren, das von der Personenliebe (+ h) geprägt ist. Damit geht aber auch ein Gefühl von Masochismus (− s) einher, wenn die Figuren vom Strudel der Verführung überwältigt werden. Das lässt die betroffenen Männer zu einer unkultivierten Form der Aktivität regredieren, die in Zerstörung und Selbstzerstörung endet. So erklärt sich die Wut der Zuschauer, welche Blothner erwähnt. Es ist keine Frage von Verdrängung und Projektion, sondern eine Introjektion der seelischen Verfassung der Hauptfigur.

Vom 18. in das 21. Jahrhundert

Es gibt aber noch einen anderen Grund, warum eine Geschichte, die im Frankreich des 18. Jahrhunderts spielt, auch heute noch ein weltweites Publikum in ihren Bann zieht. Frears zeigt uns einen Umgang mit Sexualität, der bei dem erotischen Begehren stoppt und es von der Liebe und damit auch von der Zeugung abkoppelt. *Dangerous Liaisons* greift damit Probleme unserer Zeit auf. Um dies deutlich zu machen, kehren wir noch einmal zu Dirk Blothners Vergleich zwischen *The Graduate* und *Jackie Brown* zurück, den wir in Kapitel 3 bereits als Beispiel für den Kulturwandel innerhalb einer Generation erwähnt haben. Die Anfangseinstellungen beider Filme zeigen, wie die jeweilige Hauptfigur – Benjamin Braddock beziehungsweise Jackie Brown – am Flughafen ankommt und gedankenversunken auf einem Rollband steht. Ihr Gleiten durch den Raum deutet einen inneren Schwebezustand an. Beide Figuren streben nach einer Veränderung ihres Lebens, doch die Konflikte könnten unterschiedlicher nicht sein. Während Benjamin und seine Freundin Elaine sich gegen das bigotte Spießbürgertum ihrer Eltern auflehnen und am Ende aus dem erdrückenden Korsett der Gesellschaftsregeln fliehen, suchen Jackie Brown und ihr Partner Max Cherry nach Stabilität, wollen sesshaft werden (vgl. Blothner 1999: 213–217). Das ältere Paar aus dem jüngeren Film repräsentiert nicht nur einen späteren Lebensabschnitt, sondern gleichzeitig die Generation «nach der Orgie», um mit Jean Baudrillard zu sprechen (1992: 9–20). Dieser Ausblick, und das macht die Finesse des Films aus, ist auch schon im Ende von *The Graduate* enthalten: Nachdem Benjamins und Elaines Flucht gelungen ist, werden ihre Gesichter merkwürdig emotionslos. Dies erinnert an Benjamins Ausdruck am Beginn der Geschichte. Wenn das Paar nun stumm nebeneinander im Bus sitzt, ahnen wir bereits, wie seine Zukunft aussehen wird. Die Befreiung ist ein Pyrrhussieg. Die Enge ist lediglich durch die Leere ersetzt worden und nicht durch echte Freiheit. Der Moment der Lebendigkeit, den das junge Paar gefühlt hat, war nur von kurzer Dauer, die Flucht ist flüchtig. Dies erinnert an Raoul Dukes Monolog in *Fear and Loathing in Las Vegas* (1998):

> San Francisco in the middle sixties was a very special time and place to be a part of. But no explanation, no mix of words or music or memories can touch that sense of knowing that you were there and alive in that corner of time in the world, whatever it meant. […] That sense of inevitable victory over the forces of old and evil. Not in any mean or military sense. We didn't need that. Our energy would simply prevail. We had all the momentum. We were riding the crest of a high and beautiful wave. So now, less than five years later, you can go up on this steep hill in Las Vegas and look west. And with the right kind of eyes you can almost see the high water mark, that place, where the wave finally broke and rolled back.

Blothner deutet *Jackie Brown* als Fortsetzungsgeschichte von *The Graduate*, als Ausdruck für die tiefe Sehnsucht nach Orientierung in dem, was die Morphologen als «Auskuppelkultur» bezeichnen:

Die Menschen verstehen sich immer weniger als Teil eines gesellschaftlichen Ganzen. Immer seltener sind sie in Entwicklungen von Anfang bis Ende einbezogen, halten sie sie für längere Zeit an ein und derselben Sache fest. Stattdessen schalten sie nach kurzer Zeit um wie mit den Tasten ihrer Fernbedienung, nehmen Dienstleistungen in Anspruch und überlassen sich den Strömungen der vielfältigen Medienangebote. Bevor sie eine Sache durchstehen, wechseln sie lieber das Programm, den Partner oder gleich das Milieu. Das läßt sie freier erscheinen als je zuvor, das macht sie allerdings auch anfälliger für Zwänge, die in dieser Welt der Entscheidungsfreiheit Orientierung versprechen (Blothner 1999: 215. Rechtschreibung im Original).

Das lässt uns auf Anhieb an Online-Dating und das Swipen bei *Tinder* denken. «[H]eute wird die äußere und innere Freiheit höher bewertet als die äußere und innere Bindung», schreibt Rolf-Arno Wirtz (2011: 30). Die *Un-Verbindlichkeit*, mit der wir unsere Sexualität gestalten, lässt sich schon daran erkennen, dass wir den Begriff Bindung «durch das labbrige Wort Beziehung» ersetzt haben (ebd.). Und mit *Viagra* haben sich die Männer für die «Pille» gerächt. Sie ersetzen die Abhängigkeit von einer Frau durch die Abhängigkeit von einem Mittel (Wirtz 1998: 18). Nun können sich beide Geschlechter auf die Unbestimmtheit zurückziehen und sagen: «Ich habe zwar mit dir geschlafen, aber du mußt nicht denken, daß es mir Spaß gemacht hat» (ebd.). Da scheint es nur konsequent zu sein, dass zeitgenössische Liebesdramen wie *Love* (2015), *Two Lovers* (2008) und *Blue Valentine* (2010) nicht vom Ideal der Paarbindung erzählen, sondern von Liebe und Sexualität als Trauma. Von dem Ideal der Freiheit in der Gebundenheit sind wir hier weit entfernt.

5 Alles auf Anfang: Die Filmproduktion

Bislang haben wir uns damit auseinandergesetzt, was beim Filmerleben geschieht, und was uns dies über die Entstehung des Kinos als Kunstform verrät. Außerdem haben wir, von diesen Untersuchungen ausgehend, einen Weg beschrieben, wie wir das Kino als Quelle zur Kulturanalyse verwenden können. Dazu wurde im vorangegangenen Kapitel anhand konkreter Beispiele gezeigt, was die Schicksalsanalyse zu dem Verstehen der Filmwirkung beitragen kann. In dem letzten Kapitel wechseln wir nun noch einmal den Blickwinkel und beschäftigen uns mit der Frage: Was passiert eigentlich vorher, wenn Filme entstehen? Denn der Aspekt der Filmproduktion bleibt in den meisten Besprechungen – das gilt für die Filmwissenschaft genauso wie für die Filmpsychoanalyse – Terra incognita.

Um diesen Mangel auszugleichen, wenden wir uns im Folgenden zwei Bereichen zu: Erstens dem Schreiben des Drehbuchs und der Struktur von Filmgenres. Damit knüpfen wir an unsere Ausführungen in Kapitel 4 an. Zweitens dem Schauspiel, das die Partitur des Drehbuchs zur lebendigen Aufführung macht. Hier formulieren wir zunächst allgemeine Überlegungen zur Psychologie des Schauspiels und untersuchen danach, welche Rolle den Bedürfnisfaktoren der Schicksalsanalyse beim Casting und der Inszenierungsarbeit zukommt. Wir erheben hier also nicht den Anspruch, alle Aspekte der Filmproduktion zu beleuchten, sondern machen auch an dieser Stelle erste Schritte, die durch weitere Untersuchungen ergänzt werden können.

5.1 Schauspiel

In dem Sammelband *Kino zwischen Tag und Traum* interpretieren mehrere Filmpsychoanalytiker Darren Aronofskys Thriller *Black Swan* (2010). Erstaunlich ist, dass keiner der Essays auf die Psychologie des Schauspiels eingeht. Dabei zeigt der Film sehr genau, mit welchen seelischen Kräften Film- und Bühnendarsteller arbeiten und welche Gefahren dabei lauern. Hier wird ein Problem deutlich: Manche Autoren behandeln Film wie Literatur, weil sie sich lediglich mit der Erzählung auseinandersetzen. Im Produktionsablauf springen sie quasi vom Drehbuch zum Schnitt. Ausgeklammert bleibt der entscheidende Schritt dazwischen: Die Inszenierung, die mit Kamera- und Schauspielführung, oder anders ausgedrückt, mit der Weiterentwicklung von Fotografie und Theater arbeitet. Ein Regisseur entscheidet hier erstens, in welche Blickwinkel er eine Szene zunächst zergliedert – hierbei wird von «Auflösung» gesprochen – um sie in der «Montage» später wieder zusammenzufügen. Die Plansequenz bleibt bis heute eher die Ausnahme. Zweitens muss er nach jedem Take sofort entscheiden, was am Spiel der Darsteller «falsch» ist, und ihnen mitteilen, wie sie es «richtig» machen sollen. Und dies immer im Hinblick auf den kompletten Film: An welchem Punkt der Geschichte befinden wir uns gerade, und was verlangt dies?

Mein Lehrer Sławomir Idziak erzählte zur Freude der Filmstudenten viele Anekdoten über seine Arbeit mit berühmten Regisseuren. Von Andrzej Wajda war ihm in Erinnerung geblieben, dass dieser am Set zu schlafen pflegte. Als Idziak ihn darauf ansprach, antwortete Wajda: «Wenn ich die Augen öffne und sehe nichts Spannendes, wird es ein schlechter Film.» Ähnliche Erzählungen kennen wir über Hitchcock. Dessen Erklärung lautete, dass ihn das Drehen langweile, denn der spannende und kreative Teil des Filmemachens sei mit dem Drehbuch und dem Storyboard abgeschlossen. Wir sollten diese Anekdoten, genauer gesagt die Koketterie der Altmeister, nicht zu ernst nehmen. Erstens würde das rein pragmatisch nicht funktionieren, weil der Regisseur für seine Arbeit und als Hauptorientierungspunkt des gesamten Teams immer hellwach und präsent sein muss. Zweitens verleugnet dies die massiven Energien, die hierbei freigesetzt werden: Eine immense Liebeskraft, durch die sich die Menschen am Set immer wieder *ver*-lieben, genauso wie zerstörerische Affekte.

Schauspiel und Moral

Wenn eine Gewalt- oder Mordszene inszeniert wird, bewegen wir uns auf dem Gebiet des ethisch-moralischen Verhaltens. Wie wir gezeigt haben, wird dies in der Schicksalsanalyse Leopold Szondis von zwei Kräften bestimmt, die jeweils gegensätzliche Tendenzen aufweisen: Die Ethik entsteht aus dem Widerspruch zwischen der tötenden Gesinnung und dem Drang zur Wiedergutmachung (vgl. Szondi 1972: 38). Die Moral wiederum hat mit den hysterischen Kräften, dem Spannungsfeld von Geltungsdrang und Schamhaftigkeit, zu tun. Hier geht es um die Frage: Zeige oder verstecke ich mich? Schauspieler kennen dies als Lampenfieber, ehe sie vor die Scheinwerfer treten. Dieses Spannungsverhältnis will ich durch eine persönliche Bemerkung verdeutlichen: Bevor ich Filmemacher wurde, war ich Graffitisprüher. Erst später habe ich verstanden, dass dies ein vorsichtiger Schritt in Richtung Bühne war. Denn als «Writer», wie sich Sprüher selbst bezeichnen, ist man mit seiner Arbeit für alle Welt sichtbar, es geht sogar darum, an besonders auffälligen Stellen präsent zu sein. Man steht als Künstler aber nicht neben seinen Bildern, sondern bleibt sprichwörtlich im Schatten. Mein erster Film war dann, sozusagen als Transformationsschritt, ein Feature über Graffiti.

Um dieses Dilemma zwischen Zeigen und Verstecken kreist auch Gus Van Sants *Good Will Hunting* (1997), was sicher damit zu tun hat, dass der Film von den beiden Schauspielern Matt Damon und Ben Affleck geschrieben wurde, die auch vor der Kamera zu sehen sind. Das Mathematikgenie Will (Matt Damon) schrubbt lieber die Fußböden einer Universität, statt sich in den Hörsaal zu setzen. Seine massive Wut und die Missgunst gegenüber den Studenten, mit anderen Worten: das Aufstauen der Kainkräfte, kompensiert er durch seine Freunde, mit denen er regelmäßig Schlägereien anzettelt. Denn insgeheim sehnt sich Will nach Anerkennung, nach der Chance, aus dem Schatten einer Existenz herauszutreten, in der er seine Talente nicht anbinden kann. In dem Wortgefecht, das Will mit einem Studenten führt, sehen wir eine Variation dieses Themas. Im Werben um eine Frau entlarvt Will die scheinbare Elaboriertheit seines Kontrahenten als angelesenes Wissen ohne persönlichen Standpunkt. Wir können auch sagen: Er projiziert den Mangel an Eigenheit und den Versuch, mit eitlem Wissen zu glänzen, den er selbst oft unternimmt, auf sein Gegenüber. Er schlägt seinen Kontrahenten mit Worten, um nicht körperlich zuzuschlagen.

Schauspiel und Psychose

Kehren wir zu unserer anfänglichen Beobachtung zurück. Die Inszenierung einer Mord- oder Gewaltszene bedeutet ein feines Austarieren der Energien: Damit die Bilder glaubhaft sind, müssen der Regisseur und seine Schauspieler die Kainkräfte und den Sadismus in ihrer Persönlichkeit wachrufen, doch nur innerhalb bestimmter Grenzen. Schließlich soll alles nur «Show» bleiben und darf nicht in echte Gewalt ausarten. Dass die Grenzen bisweilen verschwimmen, kennen wir beispielsweise aus dem Modell des *Method Acting*, wenn Schauspieler so tief in ihre Rolle versinken, dass sie auch vor und nach der Aufnahme den Gangster spielen. Hitchcock hat dafür den Spruch geprägt: «All the drama on the screen, not on the set.» Bei der Inszenierung von *Marnie* (1964) hielt er sich dann selbst nicht an diese Regel und agierte die Frustration, welche durch das unerwiderte Begehren gegenüber Tippi Hedren entstand, bei seiner Arbeit aus. Denken wir an Filme wie *Psycho*, kann die Anekdote über Hitchcocks berüchtigte Langeweile während der Dreharbeiten nur als Abwiegelung verstanden werden, die zu verschleiern versuchte, welche Gefühle ihn wirklich bewegten.

Diese Abwehrhaltung beobachten wir nicht nur bei Künstlern, die behaupten, ihre Arbeit habe nichts mit dem eigenen Innenleben zu tun, sondern auch bei Kritikern, die selbst gewaltigste Affekte als vermeintliche Ideologiekritik rationalisieren. Das führt zu der oft diskutierten Frage, wie sehr der Künstler mit seinem Werk gleichgesetzt werden kann: Wie viel Brian Warner steckt beispielsweise in *Marylin Manson*? Wie viel von Gaspar Noé in *Irréversible* (2002)? Welche Anteile ihrer Kunst drücken persönliche Bedürfnisse und Obsessionen aus? Welche sind hingegen gezielte Grenzüberschreitungen, die aus einer emotionalen und geistigen Distanz heraus eine Wahrnehmungskrise hervorrufen wollen, indem sie der Gemeinschaft verdrängte Denkmuster performativ in das Bewusstsein rufen?

In Bezug auf Hitchcock sehen wir einerseits die Herangehensweise Donald Spotos, welcher *[d]ie dunkle Seite des Genies* als Triebfeder seiner Filme aufdecken will. Es gibt aber auch die Blickwinkel Slavoj Žižeks und Robin Woods. Letzterer beginnt seine Arbeit als Vertreter der Auteur-Theorie, wählt später aber einen marxistischen Zugang. Wir können diese Ansätze miteinander verbinden, wenn wir den Star als Projektionsfigur für das Publikum verstehen, welche stellvertretend für die Gemeinschaft einen seelischen

Konflikt zur Schau trägt. Die Zustimmung und die Abwehr, welche sie dadurch auslöst, verraten etwas über die kollektiven Wahnbilder, weisen auf uns selbst zurück. Das gilt für den aggressiven Leinwandrebellen genauso wie für den gebrochenen Antihelden in der Popmusik. Ob Marlon Brando oder Kurt Cobain – der Star trägt die Wunden der Gemeinschaft am Revers. Deshalb inszenieren sich auch die RAF-Terroristen in ihren anfänglichen Auftritten als Popstars, später dann als Märtyrerfiguren, was uns erneut die Verbindung zwischen Politik und Showgeschäft vor Augen führt, die wir in Kapitel 4 erörtert haben.

Zu einem tieferen Verständnis von *Black Swan* gelangen wir, wenn wir den Thriller als Metafilm über das Schauspiel wahrnehmen: Die ehrgeizige Tänzerin Nina (Natalie Portman) will zur Primaballerina werden und in einer Aufführung von Tschaikowskis *Schwanensee* die Doppelrolle des weißen und schwarzen Schwans (Odette und Odile) tanzen. Der Choreograf (Vincent Cassel) verbindet dies jedoch mit einer Bedingung: Er stellt Nina die Aufgabe, sich in die Rolle des schwarzen Schwans hineinzuleben. Dazu soll sie die dunkle, verführerische Seite in ihrer Persönlichkeit erkunden. Der zusätzliche Erfolgsdruck und die Angst, durch ihre Konkurrentin Lily (Mila Kunis) verdrängt zu werden, sind aber zu viel für die sensible Nina. Sie gerät in eine Psychose und wird von optischen und akustischen Halluzinationen verfolgt, in denen sie sich auch außerhalb der Bühne als schwarzen Schwan erlebt. Ninas Identifikation mit den abseitigen Aspekten ihres Charakters sowie die Furcht vor ihrer Konkurrentin gipfeln schließlich darin, dass sie Lily während der Premiere ersticht. Im Anschluss tanzt sie den schwarzen Schwan, der ihre Persönlichkeit eingenommen hat, so überzeugend, dass sie stehende Ovationen erhält. Die große Karriere scheint zum Greifen nah. Doch am Ende muss Nina feststellen, dass sie in einem halluzinatorischen Wahn nicht auf Lily, sondern auf sich selbst eingestochen hat. «Treffender» lässt sich der Vorgang der Projektion kaum ausdrücken. Ermattet von der Darstellung und von der Wunde in ihrem Körper, stirbt Nina einen doppelten Tod, den symbolischen und den realen. Die Vorstellung, ihr Leben und damit auch der Film enden mit den vielsagenden Worten: «I was perfect.»

Perfekt sein bedeutet hier, dass sich die Grenzen zwischen Bühne und Realität, zwischen Vorstellung und Wahrnehmung auflösen. Wie wir in Kapitel 2 erläutert haben, ist dies der gleiche Mechanismus, der auch bei den Zuschauern im Kinosaal wirksam wird. Ninas Identifikation mit ihrer Rolle geht so weit, dass sie dem Wahn verfällt, sie könne den sterbenden Schwan nur überzeugend darbieten, wenn sie «wirklich» stirbt.

Schauspieler stehen immer mit einem Bein in der Psychose, haben üblicherweise aber gleich mehrere Karabinerhaken, die sie in der Realität verankern, vor einem völligen Abdriften schützen. *Black Swan* führt uns vor, wie dieser Schutzmechanismus versagt. Ninas professionelle Fähigkeit zur Projektion, der Hinausverlagerung unbewusster Persönlichkeitsanteile auf ihre Rolle, wird durch ihren Realitätssinn nicht ausreichend abgebremst. Dadurch entwickelt sich die Projektion zur Paranoia und Nina sieht Dinge, die in der Realität nicht existieren. Schauspieler sozialisieren ihr Potenzial zum Psychotischen durch die Introjektion (+ k) im Berufsleben. Sie brauchen gleichzeitig aber eine starke Bodenhaftung in der Realität (− k), damit ihr Ich nicht von dem Drang zur Projektion hinweggespült wird. Wenn wir Schauspieler bei der Probenarbeit beobachten, wo sie einen Satz oder eine Bewegung ständig wiederholen, damit sie für die spätere Aufnahme in Fleisch und Blut übergeht, dann erinnert uns dies an das Verhalten von seelisch Kranken. Nur, dass es hier in einem sozialisierten Rahmen geschieht.

Das Abdriften in die Psychose ist ein Thema, mit dem sich Darren Aronofsky immer wieder auseinandersetzt. Geht es in *Black Swan* um die Schauspielkunst, zeigt er uns in *Pi* (1998) einen Wissenschaftler, dessen paranoider Zweifel ins Krankhafte umschlägt. Er geht dabei zugrunde, den Dingen auf den Grund zu gehen. In *Requiem for a Dream* (2000) ist es das Suchtloch, um welches die Figuren kreisen. Um das Verlassensein nicht zu spüren, steigern sie sich in eine Phantasiewelt hinein und blenden sämtliche Warnsignale der Realität aus. Angst als Schutzmechanismus wird auf diesem Weg in die Selbstzerstörung so lange unterdrückt, bis sie sich übermächtig zurückmeldet. Wie realistisch Aronofskys Darstellung der Schauspielkunst in *Black Swan* ist, zeigt uns das tragische Beispiel von Robin Williams, der in *Good Will Hunting* den Analytiker spielte, in *One Hour Photo* (2002) hingegen einen Psychotiker. Im ersten Fall verlieh er der kultivierten, im zweiten Fall der krankhaften Form des gleichen Bedürfnisses Gestalt. Diese Filmbeispiele und die echte Lebensgeschichte ihres Darstellers führen uns die Verbindung zwischen Beruf und Krankheit vor Augen: Es sind zwei Existenzformen *einer* Triebkraft, die entweder sozialisiert werden kann oder in ein zerstörerisches Schicksal mündet, wenn die Bedürfnisse keine ausreichende

Anbindung in der Realität finden. Die Grenzen zwischen beiden Schicksalsformen sind sehr fein und die Drehbühne kann jederzeit umschwingen.

Casting und Inszenierung

In dem *Lehrbuch der experimentellen Triebdiagnostik* (1972) entwickelt Szondi seine Theorie der menschlichen Wahlhandlungen zu einem projektiven Testverfahren, das als «Szondi-Test» bekannt geworden ist. Hier werden dem Probanden mehrere Fotoserien von seelisch Kranken vorgelegt, welche die verschiedenen Triebfaktoren (s, h, e, hy, p, k, m, d) repräsentieren: vom Hysteriker bis zum Paranoiker. Jede der insgesamt sechs Serien bildet alle acht Faktoren ab. Hieraus wählt der Proband Fotografien aus, die ihm sympathisch und unsympathisch sind. Der Analytiker erhält dadurch ein Bild von dem *Vordergrund-* und *Hintergrundprofil* der Testperson (Szondi 1972: 46 ff.). Szondi geht davon aus, dass das Seelische wie eine Drehbühne funktioniert, und «einmal diese, ein andres Mal eine andere Triebkraft in den Vordergrund des seelischen Seins [stellt], während es alle anderen Energiequellen – vorübergehend – unbenützt im Hintergrund beläßt» (ebd.: 68. Rechtschreibung im Original). Dies ergibt eine Momentaufnahme über die Schicksalstendenzen in Beruf, Partnerschaft und Krankheit.

In ihrer *Studie zu den Szondi-Test-Personen* vergleicht Brigitte Burgmer die Portraits des Testapparats mit Leonardo da Vincis Gemälde *Mona Lisa* als dem «berühmteste[n] [...] Beispiel für das [...] Problem von ‹Ausdrucksformen›» (Burgmer 1983: 8). Ihre «künstlerische Auseinandersetzung mit dem Szondi-Testband bewegt sich auf dem Feld zwischen Kunst und Wissenschaft» (ebd.: 10). Um Form und Ausdruck zu analysieren, untersucht Burgmer – der ikonographischen Analyse Erwin Panofskys folgend – zunächst minutiös die Kopfhaltung, die Position, den Blick (unterteilt in Blickrichtung, Blickintensität und Blickintentionalität) sowie die Kleidung und die Accessoires der Portraitierten. Außerdem stellt sie Besonderheiten der Fotografie wie Aufnahmekontext, Inszenierung, Retusche und Reproduktionsform in Rechnung (ebd.: 98–103). In mehreren Schritten arbeitet Burgmer dann die gemeinsamen Ausdrucksmerkmale heraus, welche die Portraits eines Triebfaktors charakterisieren, und verdichtet diese zu Bildern von Masken und Ganzkörperportraits. Frappierend ist der Zwischenschritt der «Foto-

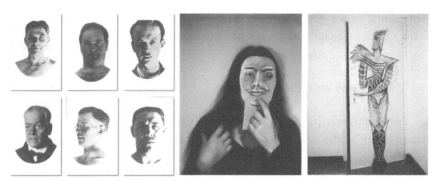

Abb. 1: Serie *s:* Portraits, Maske und Türbild.

Abb. 2: Verarbeitung eines Szondi-Testbilds (Triebfaktor *s*) bei Burgmer und Kren.

bilder», in denen die unbewusste Wirkung der Szondi-Portraits durch «Überzeichnung» sichtbar gemacht wird (ebd.: 109 f.).

Einen ähnlichen Ansatz verfolgt Kurt Kren mit seinem Experimentalfilm *48 Köpfe aus dem Szondi-Test.* Im Gegensatz zu Burgmers Herangehensweise, die aus der Bildenden Kunst stammt, verwendet Kren die Möglichkeiten des Mediums Film und setzt Auflösung und Kadrage ein: Er zergliedert die Szondi-Portraits in Detailaufnahmen der Physiognomie und montiert diese im Zeitraffer hintereinander. Bezeichnenderweise führt dies zu einem ähnlichen Ergebnis wie Burgmers Fotobilder und Masken: Bedrohlich blitzen zum Beispiel die Augen der Mörder auf und rufen die Wirkung der Portraits in das Bewusstsein.

An dieser Stelle drängt sich der Vergleich zum Casting und der Inszenierungsarbeit auf. Wie bereits geschildert wurde, muss der Regisseur am Filmset unmittelbar reagieren und seinen Schauspielern kommunizieren, wie sie durch Mimik, Proxemik und Sprache den passenden Ausdruck herstellen sollen. Die Frage, die uns hier beschäftigt, lautet: Arbeitet der Regisseur bei der Auswahl und der Führung seiner Schauspieler nicht permanent mit Szondis Triebfaktoren, ohne dass ihm dies bewusst ist? Wenn beispielsweise bei einer Mordszene die *s*- und *e*-Kräfte aktiviert werden, dann muss die Physiognomie der Schauspieler dies ausdrücken, um beim Zuschauer den entsprechenden Affekt zu erzeugen. Genauso, wie es die jeweiligen Portraits im Szondi-Test tun. Der in diesem Buch schon mehrfach zitierte Friedhelm Bellingroth geht in seiner Untersuchung *Faktorielle Gesichtsschemata im Szondi-Test als Reizschemata für faktorielle Antriebsgestimmtheiten* (1960) auf die Bedeutung des *h*- und *s*-Schemas für Film und Werbung ein:

> Betrachtet man genauer die Ausprägung des h-Schemas – gegen die Schläfen hochschwingende Augenbrauen, sanft an die Lidränder angeschmiegte Ober- und Unterlidfalten bei leicht verhängtem Blick sowie voller, in den Lippenrändern ausgeprägter Mund mit dominierender Unterlippe – so wird man darin bald ein wohlbekanntes Gesichtsklischee, das dutzendfach in allen Illustrierten auftaucht, wiedererkennen. Die zugkräftigsten Filmstars, allen voran Brigitte Bardot und Gina Lollobrigida, haben dieses innere Gesichtsschema. Es ist *das* erotische Gesichtsschema par excellence und trägt wesentlich zu den Publikumschancen eines (weiblichen oder männlichen) Filmstars bei. In seinen Grundzügen erscheint es schon an der Nofretete-Büste.
>
> Das Gesichtsschema des s-Faktors – buschige, oft schrägstehende Augenbrauen, scharfe Spannung der Augenlider mit stechendem Blick, fleischiger Mund mit harter, undifferenzierter Lippenverschlußlinie, dazu geblähte Nüstern und scharfe Nasolabial- wie Zornfalten – ist ein ebenso bekanntes Gesichtsschema. Nicht selten findet man es auf Werbeplakaten für Kriminal- und Gruselfilme (1960: 134f. Rechtschreibung u. Hervorhebung im Original).

Diese Ausführungen beweisen die Genialität Hitchcocks, der Anthony Perkins als Darsteller in *Psycho* wählt, um aus dem grobschlächtigen Norman Bates in Robert Blochs Romanvorlage eine androgyne Figur zu machen, die sympathisch und sexuell attraktiv wirkt. Durch diese Mischung aus Liebesbedürfnis und Aggressivität werden wir unbewusst bereits auf das seelische Dilemma der Figur hingewiesen, und der spätere Schock wird umso größer, wenn wir uns darüber klar werden, dass wir uns mit einem Lustmörder identifiziert haben. Ähnliches gilt für Glenn Close in ihren Rollen als Marquise de Merteuil sowie als Alex Forrest in *Fatal Attraction* (1987). Auch ihre Physiognomie, welche durch die Inszenierung betont wird, weist Merkmale beider Faktoren auf und macht sie so zur perfekten Besetzung für ein weibliches Raubtier, was in Adrian Lynes Thriller noch durch den mehrdeutigen Vornamen betont wird.

Die Überlegungen, die wir bezüglich der Faktoren (s) und (h) entwickelt haben, lassen sich auch auf die anderen Bedürfnisse übertragen, zum Beispiel, wenn es um die getriebenen Zweifler im Paranoiafilm oder um die Halt suchenden Liebenden im Drama geht. Dies führt uns zum nächsten und letzten Untersuchungsgegenstand: Was kann das Bedürfnissystem der Schicksalsanalyse beitragen, wenn es um den ersten Schritt der Filmproduktion geht – das Schreiben des Drehbuchs? Um diese Frage zu beantworten, wenden wir Szondis Überlegungen auf die Arbeit der Dramaturgin Laurie Hutzler an.

5.2 Drehbucharbeit

In ihrer *Emotional Toolbox*® formuliert Hutzler neun Varianten von Filmfiguren, die bestimmten Genres zugeordnet werden können. Sie unterscheidet zwischen «Power of Will», «Power of Love», «Power of Conscience», «Power of Ambition», «Power of Idealism», «Power of Excitement», «Power of Reason», «Power of Truth» und «Power of Imagination» (2009a bis 2009i). Für jeden Figurentyp untersucht Hutzler, welches Weltbild und welche psychologische Motivation ihn antreiben. Das bedeutet: Welche spezifischen Kräfte, Bedürfnisse und Ängste zeichnen ihn aus? Und welche Entwicklungspotenziale sowie Gefahren ergeben sich dadurch? Auf dieser Grundlage leitet Hutzler dann die Rolle ab, die der jeweilige Figurentyp in einer fiktionalen Handlung spielt. Dies vergleicht sie schließlich mit Beispielen bekannter Persönlichkeiten aus der Realität.

Bei meiner eigenen Drehbucharbeit sind mir sofort erstaunliche Parallelen zwischen der *Emotional Toolbox* und dem Bedürfnissystem der Schicksalsanalyse deutlich geworden. Bereits Hutzlers Bezeichnung der Figurentypen weist auf diese Verwandtschaft hin. Wenn wir sie in Gegensatzpaare aufteilen, die sich ergänzen, erkennen wir die entsprechenden Seinsbereiche in Szondis Modell wieder. Die folgende Abbildung auf S. 116 stellt die Vektoren, Faktoren sowie die Triebradikale der Schicksalsanalyse nochmals im Überblick dar.

Seinsbereich Körper: *Power of Will* und *Power of Love*

In der *Power of Love* erkennen wir unschwer den Faktor (h) wieder, in der *Power of Will* die Gegenkraft (s). Um dies zu verdeutlichen, untersuchen wir die beiden Figurentypen genauer: Bei Hutzlers Erläuterung der *Power of Will* treffen wir auf das Zitat einer alten Bekannten, der Marquise de Merteuil: «I've destilled everything down to one simple principle: Win or die» (2009a: 7). Als größte Angst dieses Figurentyps formuliert die Autorin: «The worst thing that could happen to me is to be dominated by others» (ebd.). Dies erinnert uns an den Kernkonflikt in *Dangerous Liaisons*, den Blothner als Widerspruch zwischen Bestimmen und Bestimmt-Werden deutet und den wir als Spannungsverhältnis zwischen *s*- und *h*-Kräften aufgefasst haben. Dies spiegelt sich auch in der spezifischen Weltsicht dieses Figurentyps wider:

> Power of Will characters believe that expanding their power base, extending their territory, protecting and defending what is rightfully theirs (according to them) and swiftly avenging any wrong (or perceived wrong) is how one gets along and gets ahead in the world.
>
> They believe it is better to be feared than to be loved. They never want to be seen as weak.
>
> Power of Will characters take what they want, fight for every inch of advantage, refuse to show any weakness themselves and pounce decisively on the weakness of others. They have a kill or be killed framework for everything.
>
> These characters divide the world into aggressors and victims, hunters and prey, and the strong and the weak (ebd.: 10).

Diese Charakterisierung lässt uns an eine Vielzahl von Figuren aus dem Gangsterfilm denken, beispielsweise an Sonnys Verweis auf Machiavelli in Robert De Niros *A Bronx Tale*: «If I had my choice, I would rather be feared. Fear lasts longer than love.« Aber auch an Edward G. Robinsons Verkörperung des Wolf Larsen in *The Sea Wolf* (1941), der eine entsprechende Stelle aus *Paradise Lost* (1667) zitiert. Als weitere Beispiele nennt Laurie Hutzler Tony Montana in *Scarface* (1983), Michael Corleone in *The Godfather*

5 Alles auf Anfang: Die Filmproduktion

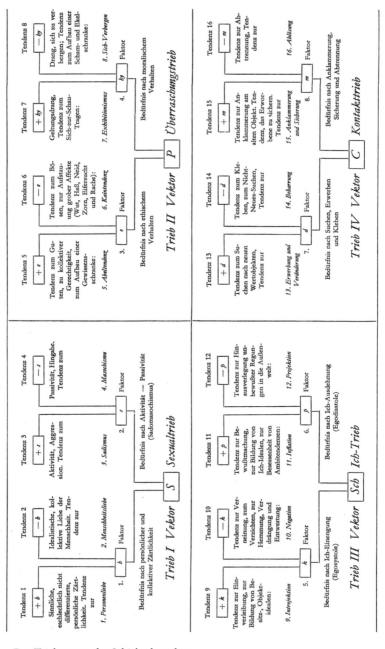

Abb. 3: Das Triebsystem der Schicksalsanalyse.

(1972), Vic Macke in *The Shield* (2002–2008), *Conan The Barbarian* (1982), Catherine Tramell in *Basic Instinct* (1992) und Samantha Jones in *Sex and the City* (1998–2004) (ebd.: 8–11, 25).

Bei all diesen Figuren begegnen wir den *s*-Kräften in ihrer Ausprägung des Verführens, der Zerstörung und Selbstzerstörung oder des Sadismus, die sich mit anderen Kräften wie dem Größenwahn zu einer gefährlichen Mischung paaren. Das macht diese Charaktere und ihre Geschichten faszinierend. Wir wollen miterleben, wie sie gegen alle Regeln ihren Drang nach Macht durchsetzen. Denn wir folgen einer Hauptfigur auch dann, wenn sie ein negatives, unethisches Ziel verfolgt, weil es die unsozialen, psychotischen Anteile wachruft, die in uns allen schlummern. Zumindest tun wir dies so lange, wie die Figur damit erfolgreich ist. Das erklärt die Faszination der Rififi-Filme: Zunächst führt uns der Regisseur vor, dass der Einbruch in ein Spielcasino oder der Ausbruch aus einem Gefängnis unmöglich seien. Dann werden wir Zeuge, wie die Gangster selbst die haarsträubendsten Hürden meistern. Wenn sie letztlich doch dabei scheitern, wird unser antisozialer Impuls wieder «eingefangen» und wir schämen uns insgeheim über unsere Vermessenheit. Das erklärt, warum sich Figuren wie *Little Caesar* (1931) erst mit Gewalt in den Olymp kämpfen, um dann im Obdachlosenheim zu landen.

Ist die *Power of Will* also vor allem für männliche Protagonisten charakteristisch, geht es bei der *Power of Love*, dem Triebsystem der Schicksalsanalyse entsprechend, um weibliche Figuren oder um Anteile von Weiblichkeit in männlichen Rollen, die von persönlicher oder platonischer Liebe angetrieben werden. Die Rolle der Liebenden, der Freundin oder Mentorin, wie sie beispielsweise von Barbara Bel Geddes in *Vertigo* (1958) verkörpert wird (vgl. 2009b: 29, 43), kann aber auf die männliche Seite umschlagen, wenn das Bedürfnis nach Liebe zur Abhängigkeit, zur Besitzergreifung und zum Masochismus wird. Dann erscheinen die Faktoren (+ s) und (– s) auf der Drehbühne der Leidenschaft. Dies sehen wir beispielsweise in Curtis Bernhardts *Possessed* (1947) oder in Rob Reiners *Misery* (1990), wo Joan Crawford beziehungsweise Kathy Bates Stalkerinnen spielen.

Seinsbereich Kontakt: *Power of Idealism* und *Power of Excitement*

So wie in diesen beiden Figurentypen die Bedürfnisse und Gefahren des Sexualvektors deutlich werden, spiegeln sich auch in den anderen Beispielen die Seinsbereiche der Schicksalsanalyse wider. Eng verwandt mit der *Power of Will* und der *Power of Love* sind die beiden Figurentypen *Power of Idealism* und *Power of Excitement*. Hier geht es um den Kontaktbereich, also das Anklammern und Klebenbleiben auf der einen oder das Loslassen und auf die Suchegehen auf der anderen Seite, wie wir es als Kernkonflikt von *Gravity* erläutert haben. Als typische Genres für die *Power of Idealism* nennt Laurie Hutzler Coming of Age, epische Heldengeschichten und «separated lovers stories» (2009c: 9 ff.). Die erste Verbindungslinie zur Schicksalsanalyse besteht also in dem Thema des familiären Unbewussten, wie wir es in Kapitel 4 anhand des Coming-of-Age-Genres erläutert haben. Am Beispiel von *Billy Elliot* (2000) wird deutlich, dass dieses immer auch mit dem Thema verbunden ist, loszulassen und auf die Suche gehen zu können. Denn damit er die in ihm schlummernden Potenziale verwirklichen kann, muss Billy sich von der äußeren und der inneren Familie emanzipieren. Die Initialzündung dafür ist seine Entscheidung für den Ballettunterricht statt für das Boxtraining. Er muss sich im wahrsten Sinn des Wortes gegen das scheinbar vorgezeichnete Erbe freistrampeln, wie es uns sein leidenschaftlicher Improvisationstanz zeigt. Doch der Weg zu seiner wahren Berufung wird erst dadurch geebnet, dass Billys Vater und sein Bruder ihn gehen lassen. Wäre er der «yellow brick road» gefolgt, hätte sie ihn nicht auf die Bühne, sondern ins Bergwerk geführt. Hier sind wir im Kontaktbereich der Schicksalsanalyse und bei der Entwicklung von (+ m) zu (− m) sowie (− d) zu (+ d). Das Gewohnte aufgeben, die Komfortzone verlassen – dieser *shock of recognition* macht die Entwicklung zum epischen Helden möglich. «The character wrestles with the question of how to fit into an established society that always values conformity, cooperation and continuity over what is challenging, new or different. These characters want to make their own way», schreibt Hutzler dazu (ebd.: 17).

In den separated lovers stories der *Power of Idealism* geht es um eine Variation dieses Konflikts: «How strong is the lover's sense of duty or obligation to others, to family or to society? What are the lovers willing to sacrifice to ennoble or elevate their love?» (ebd.: 19). Das wohl bekannteste Beispiel dieses Konflikts liefert uns William Shakespeare mit *Romeo and Juliet* (1599). Auf der Kinoleinwand begegnen wir diesem zum Beispiel in der Figur des Yuri Zhivago aus David Leans *Doctor Zhivago* (1965) (vgl. ebd.: 11, 53). In *Gone with the Wind* (1939) wird dies als nicht enden wollende Triangulierung zwischen Scarlett, Rhett und Ashley dargestellt (ebd.: 23). Als story paradox formuliert Hutzler in diesem Zusammenhang: «Seeking what is missing perpetuates unhappiness with what you already have» (ebd.). Und als Gefahr für diesen Figurentyp nennt sie das Abdriften in die Melancholie: «At their worst, Power of Idealism characters suffer from delusions of grandeur and, alternately, deep despair» (ebd.: 31). An dieser Stelle wird die Verbindung zum Kontaktbereich der Schicksalsanalyse deutlich, denn der Verlust eines Liebesobjektes und das Klebenbleiben an ihm führen zur Depression in der Form des ewigen Kreisens (− d). Am Beispiel von *Grey's Anatomy* (2005–2020) sehen wir die entgegengesetzte Dynamik im *d*-Faktor, die Entwertung des Liebesobjekts (+ d). Hutzler schreibt dazu:

> Often, if they do have the object of desire firmly in hand, they quickly lose interest. In the first two seasons of Grey's Anatomy, Meredith Grey (Ellen Pompeo) chases Dr. McDreamy, who is emotionally (and physically) unavailable because of a tangled, marital relationship. [...] Finally, when the way is clear and the pair get together, Meredith immediately begins to pull away and distance herself from him (ebd.: 22).

Dies führt uns zu dem Komplementärbild dieses Figurentyps, das Hutzler *Power of Excitement* nennt. Ging es vorher um die Kombination von (+ m) und (− d), also die Bindung oder Schwerkraft in einer Paarbeziehung, steht nun die Fliehkraft im Vordergrund dieses Figurentyps, die Tendenz, sich von allen Bindungen loszulösen. Vom depressiven Modus wechseln wir also in den manischen: (− m) und (+ d). Als typische Rollen der *Power of Excitement* nennt Hutzler Abenteurer und Playboys, die nach Lust haschen, für den Moment leben, die weder Verantwortung übernehmen noch Grenzen akzeptieren wollen und die immer nach einem Notausgang suchen, wenn es um Festlegung und Bindung geht (vgl. 2009d: 9f., 21). Cary Grant verkörpert diesen Figurentyp in George Cukors *The Philadelphia Story* (1940) sowie in Alfred Hitchcocks *Suspicion* (1941), Bill Murray in Harold Ramis' *Groundhog Day* (1993) und Jack Nicholson in Miloš Formans *One Flew Over the Cuckoo's Nest* (1975) (vgl. ebd.: 38).

Der Optimismus und die Begeisterungsfähigkeit dieser Figuren tragen als dunkle Begleiter Unzuverlässigkeit und Oberflächlichkeit mit sich. Ihr Haschen nach Lust kann zur Drogen-, Spiel- und Sexsucht werden. Als story paradox nennt Hutzler: «Avoiding pain only creates more pain» (ebd.: 13). Dies weist auf eine endlose Suchbewegung (+ d) hin. Denn Sucht sucht und will einen nagenden Mangel ausgleichen. In *Groundhog Day* wird diese seelische Dynamik durch die Erzählung auf die Spitze getrieben: Phil Connors ist gezwungen, den gleichen Tag so lange zu wiederholen, bis er sein Desinteresse für das Leben seiner Mitmenschen und seinen Hedonismus in die Fähigkeit verwandelt, sich in andere einzufühlen, Verantwortung zu übernehmen und tiefe Bindungen einzugehen. Dies wird auf ironische Weise betont, indem jeder Tag mit dem Lied *I Got You Babe* beginnt.

Seinsbereich Gefühle: *Power of Ambition* und *Power of Consience*

In der *Power of Ambition* erkennen wir die Zeigelust der hysterischen Kraft (+ hy). Denn diese Figuren streben danach, ein möglichst positives Bild von sich zu erzeugen. In Bezug auf seine dramaturgische Funktion spricht Hutzler auch von der Scheinwelt, welche dieser Figurentyp aufbaut:

> Power of Ambition characters usually play an aspirational role in a story (even if they have to be a fake, or lie, cheat and steal to reach their goal). [...] They often inflate their social position, pretend to be more important than they are or create an illusion of style, panache or wealth. [...] Power of Ambition characters believe that nothing is as important as projecting a successful, polished or accomplished image (2009e: 9 f.).

Hier treffen wir wieder auf die Tendenz, aus dem Nichts heraus bunte Welten zu erschaffen, die aber keine Substanz haben. Diese haben wir in Kapitel 4 bereits anhand von John Fords Western *The Man Who Shot Liberty Valance* als typischen Charakterzug im Showbusiness, dem Journalismus und in der Politik erläutert. Auch Hutzler nennt als mögliche Rollen unter anderem den Politiker (ebd.: 9). Die größte Angst dieser Figuren ist es, vor den Augen der Welt demaskiert zu werden und als Verlierer dazustehen (ebd.: 14). Hier kommt die Kehrseite der Zeigelust zum Tragen, die Angst, was die anderen über mich denken, wenn sie meine Show durchschauen (− hy).

Hutzler erwähnt in diesem Zusammenhang eine Szene aus Alexander Mackendricks *Sweet Smell of Success* (1957), in welcher der Journalist Sidney Falco durch ein falsches Grinsen übertönen will, wie ihm von dem Kolumnisten J. J. Hunsecker mit sadistischem Vergnügen die Maske heruntergerissen wird:

> Mr. Falco, let it be said at once, is a man of 40 faces, none too pretty, and all deceptive. You see that grin? That's the Charming Street Urchin face. It's part of his helpless act when he throws himself upon your mercy. He's got a half-dozen faces for the ladies. But the one I like, the really cute one, is the quick, dependable chap. Nothing he won't do for you in a pinch, so he says. Mr. Falco, whom I did not invite to sit at this table tonight, is a hungry press agent, and fully up to all the tricks of his very slimy trade (ebd.: 12).

In *American Psycho* (2000), stärker noch in der literarischen Vorlage (1991), wird die Betonung des schönen Scheins und der seelischen Abgründe dahinter auf die Spitze getrieben: Über mehrere Seiten hinweg ergeht sich Patrick Bateman noch über die kleinsten Details der Anzüge oder Visitenkarten seiner Kollegen.

Die *Power-of-Ambition*-Figuren werden im Sinne der Schicksalsanalyse nicht von einem ethischen, sondern von einem moralischen Dilemma angetrieben. Als story paradox erläutert Hutzler: «Outer success does not bring inner peace or the feeling of true well-being» (ebd.: 12). Diese Charaktere müssen lernen, Manipulation und Opportunismus in Echtheit und Integrität zu verwandeln (vgl. ebd.: 39), aus dem Schein Sein zu machen.

Das Gegenbild dazu finden wir bei der *Power of Conscience*. Hutzler beschreibt diesen Figurentyp wie folgt:

> The worst thing that could happen to me is to become morally bankrupt or a failure in my own eyes. Power of Conscience characters instinctively know when something is wrong, unjust, unfair, improper, corrupt or out of line. These characters are propelled forward by personal outrage and moral indignation, usually on another's behalf. Their first impulse is immediate judgement and action based on what they instinctively ‹know› is the right or wrong thing to do (2009f: 7).

Typische Rollen sind hier der Evangelist, Richter oder Revolutionär bis hin zum Fanatiker. «This can be a positive, self-sacrificing and heroic role; a negative, self-important and punitive role; or a comedic uptight, hypocritical ‹stickler for rules› role» (ebd.). Hutzlers Ausführungen machen deutlich, dass wir uns hier auf dem Feld der starken Gefühle bewegen. Der seelische Konflikt dieser Figuren ist ein ethischer. Sie können in ihrer aufgestauten Wut und ihrem Gerechtigkeitsdrang entweder zu unbarmherzigen Rächern werden und dem Explosionsdrang folgen, wie wir es beispielsweise in Michael Winners *Death Wish* (1974) sehen, wo Charles Bronson in seiner Paraderolle als Paul Kersey mordend durch New York streift (vgl. ebd.: 15). Sie können bigotte Sittenwächter sein wie der Lynchmob in Fritz Langs *Fury* (1936). Oder sie können zu einem gütigen und gewissenhaften Homo sacer reifen wie Oskar Schindler in Steven Spielbergs *Schindler's List* (1993) (vgl. ebd.: 27f.). Als entsprechendes story paradox formuliert Hutzler: «Justice without mercy is no justice at all – it is revenge» (ebd.: 15). Da diese Entwicklungsmöglichkeiten mit der Einteilung der Welt in Gut und Böse, also mit dem Drang zur Abspaltung und Projektion verbunden sind, leiten sie über zu den letzten drei Figurentypen in Hutzlers *Emotional Toolbox*, die dem Seinsbereich Ich zugeordnet werden können.

Bevor wir uns ihnen zuwenden, wollen wir aber zunächst noch auf eine spannende Variation eingehen. In *Prince of the City* (1981) zeigt uns Sidney Lumet eine Figur, in der sich die *Power of Conscience* mit der *Power of Love* sowie mit der *Power of Idealism* verbindet: Der Rauschgiftermittler Daniel Ciello verwandelt sich hier vom Rogue Cop zum Pentito. Sein starkes Bedürfnis nach Ethik bringt ihn aber in ein Dilemma: Um der Bestechung und Bereicherung im Amt abzuschwören, muss er zum Informanten werden. Dadurch gefährdet er sowohl seine Familie, die fortan unter Polizeischutz leben muss, seine Partner, die er verraten soll, als auch seinen Cousin, der als Mafiamitglied nun dem Tod geweiht ist. Wie wir sehen werden, spielt hier auch der Kernkonflikt der *Power of Idealism* eine Rolle. Denn Ciello ist von der Angst geprägt, welche Auswirkungen seine Entwicklung zum gerechten Helden auf die Menschen hat, die ihm wichtig sind. Er befindet sich also in einem unentwirrbar erscheinenden Netz aus Widersprüchen zwischen Ethik und Kriminalität, Loyalität und notwendigem Verrat, Ich- und Du-Bezogenheit sowie der Frage nach Aktivität und Passivität, die damit verbunden ist. Ciello löst dieses Dilemma auf, indem er die Personen- in eine Menschheitsliebe verwandelt, nicht nur an konkrete Einzelschicksale, sondern an die Gemeinschaft denkt. An der Komplexität von Lumets Inszenierung können wir erkennen, dass Filmfiguren – wenn sie gut sind – nicht eindimensional angelegt sind, sondern dass verschiedene Seinsbereiche in ihre Charakterzeichnung und den damit verbundenen Plot hineinspielen. Sonst wird der Film zum Comicstrip.

Seinsbereich Ich: *Power of Reason, Power of Truth und Power of Imagination*

Haben wir es bislang mit jeweils zwei sich zugleich widerstrebenden, aber als Entwicklungsmöglichkeit sich auch ergänzenden Kräften zu tun gehabt, treffen wir nun auf eine spannende Differenzierung in Hutzlers Modell. Die *Power of Reason* lässt sich den *k*-Kräften in Szondis Bedürfnisschema zuordnen, die *Power of Truth* und die *Power of Imagination* hingegen entsprechen den Faktoren (– p) beziehungsweise (+ p). Im ersten Fall geht es, wie bereits der Name andeutet, um den Realitätssinn, bei den anderen Figurentypen um das ich- sowie das du-bezogene Sein. Da wir es bei dem Seinsbereich des Ich mit der zentralen Instanz zu tun haben, welche die anderen Bedürfnisse steuert und in der Waage hält, verwundert es also nicht, dass Hutzler hier drei statt zwei Figurentypen unterscheidet.

Für die *Power of Reason* ist laut Hutzler eine Bandbreite an Rollen typisch, die vom Experten bis zum verrückten Wissenschaftler reicht (vgl. 2009 g: 9), also von der Psychiaterin Constance Petersen in Hitchcocks *Spellbound* (1945) über den zwanghaften Adrian Monk in der gleichnamigen TV-Serie (2002–2009) bis hin zu dem paranoiden General Jack D. Ripper in Stanley Kubricks *Dr. Strangelove* (1964) (vgl. ebd.: 38f.). Der Unterschied zwischen Zwangsneurose und Paranoia markiert den Übergang von (– k) zu (–p), wenn wir an die Krankheitsformen denken, die im Modell Szondis mit den jeweiligen Triebradikalen verbunden sind. Hier deutet sich bereits an, dass die *Power of Reason* und die *Power of Truth* eng miteinander verbunden sind. Während die Figuren der *Power of Truth* aber eher auf das Hinterfragen von Menschen und ihrer Motive konzentriert sind (du-bezogenes Sein), richtet die *Power of Reason* ihren Blick hingegen auf äußere Phänomene.[12] Die zentrale dramaturgische Frage, die sich diese Figuren stellen, lautet: «How can I grasp the world's complexity» (ebd.: 11). Und als typische Welt-

---

12   Ich danke dem Drehbuchautor Alexander Daus für diesen Hinweis.

sicht formuliert Hutzler: «Life is a logical puzzle to be solved. Think, don't feel. [...] Don't get emotionally or personally involved» (ebd.: 10). Charaktere der *Power of Reason* müssen also lernen, ihrem Gefühl zu trauen, damit die Betonung des Rationalen nicht in Irrationalität umschlägt. Ihr Kontrollzwang verdeckt ein fehlendes Selbstbewusstsein (+ k), ihr Hochmut ist nur eine Ausgleichsbewegung, die zur Erstarrung werden kann, welche sie von der Welt und anderen Menschen abschneidet.

In *Awakenings* (1990) erhält Dr. Sayer erst durch die Begegnung mit dem Patienten Leonard einen Zugang zu seiner Gefühlswelt. Die körperliche und geistige Lähmung, aus der er Leonard für einen kurzen Moment befreien kann, macht ihm die eigene seelische Verstocktheit bewusst. Diese wird beispielsweise deutlich, als Sayer die aus der Schlafkrankheit erwachten Patienten lieber ins dröge Naturkundemuseum als in den Tanzsaal ausführen will. Was uns zunächst schmunzeln lässt, erscheint auf den zweiten Blick als mangelndes Einfühlungsvermögen. Als seine Schützlinge noch im Dämmerzustand waren, konnte Sayer im Gegensatz zu anderen Ärzten die Persönlichkeiten hinter der erstarrten Körperhülle wahrnehmen. Doch mit lebendigen Menschen tut er sich schwer. Etwas Vergleichbares sehen wir, wenn Sayer die potenziellen Förderer seines Forschungsprojekts auf der verstandesmäßigen Ebene anspricht, anstatt ihre Gefühle zu wecken. Er präsentiert ihnen die Patienten als Fallstudien, nicht als Menschen, die Unterstützung brauchen. Die Schlüsselszene des Films findet aber zwischen Leonard und einer Frau statt, in die er sich verliebt hat. Während sie miteinander tanzen, verschwinden plötzlich die Symptome seiner Krankheit. Das ist die Lehre des Films: Hin- und Zuwendung sind nötig, um die Erstarrung zu lösen. Während Leonard schließlich wieder in seinen Dämmerzustand zurückfällt, kann Dr. Sayer erwachen. Am Ende des Films fasst er den Mut, die berufliche Beziehung zu der Krankenschwester Eleanor in eine private Begegnung zu verwandeln.

Figuren, die von der *Power of Truth* angetrieben werden, sind von einem ständigen Zweifel geplagt, ob sie anderen Menschen trauen können und ob sie ihre eigene Wahrnehmung täuscht. «The worst thing that could happen is to discover someone I love or trust has betrayed me», formuliert Laurie Hutzler als größte Angst (2009 h: 7). «Nothing is what it seems», lautet die dazugehörige Weltsicht (ebd.: 10). Der Kleinheitswahn dieser Charaktere führt im schlimmsten Fall zum Verfolgungswahn. In Kapitel 4 haben wir dies bereits anhand von Oliver Stones *JFK* erläutert. Edward Wilson, die

Hauptfigur in Robert De Niros *The Good Shepherd* (2000), ist ein weiteres Paradebeispiel für diesen Figurentyp, der durch seine ständige Paranoia sogar den eigenen Sohn ins Unglück stürzt. Der Film ist an den CIA-Abwehrchef James Jesus Angleton und seine Beziehung zu dem britischen Doppelagenten Kim Philby angelehnt. In Christopher Nolans *Memento* aus dem gleichen Jahr wird dieser Wahnsinn noch durch die Erzählform verstärkt, und wir erfahren am Ende, dass wir als Zuschauer sogar von unserer Identifikationsfigur Leonard Shelby in die Irre geführt wurden. Einer milderen Form begegnen wir in Ermittlergeschichten wie *The French Connection* (1971), *Chinatown* (1974) oder *L. A. Confidential* (1997), wo sich – passend zum Neo-Noir-Universum – ein korruptes System am Ende doch noch gegen die Protagonisten wendet, was ihren Zweifel und ihren Zynismus zu bestätigen scheint. Die *Power of Truth* finden wir aber in einer großen Bandbreite von Genres wieder, die von den ständig am Rande der Psychose entlang wandernden Filmen David Lynchs bis zu den Komödien Woody Allens reicht. Ob Neurotiker, Verschwörungstheoretiker oder paranoider Schizophrener (vgl. ebd.: 35) – alle Figuren ringen damit, dass sie unbewusste Regungen in die Außenwelt und auf ihre Beziehungen übertragen. Manchmal ist ihr Misstrauen berechtigt, bisweilen treibt es sie aber in den Wahnsinn.

Auch bei den Figuren der *Power of Imagination* spielt das du-bezogene Sein, das Triebradikal (– p), eine ausschlaggebende Rolle. Allerdings tritt es hier nicht als paranoider Zweifel, sondern als Wunsch nach Partizipation in Erscheinung. Hutzler versteht sie als «the classic mythic hero or the reluctant hero that Joseph Campbell and Chris Vogler describe» (2009i: 10). Diese Charaktere haben ein außergewöhnliches Talent, das nach Verwirklichung drängt, aber sie werden von der Sorge blockiert, Uneinigkeit herbeizuführen oder anderen zu schaden (vgl. ebd.: 8f.). Die story question der *Power of Imagination* lautet: «How can someone so ordinary become heroic» (ebd.: 12). Dafür müssen sich diese Figuren mit ihrer Rolle identifizieren, ihre Phantasie in Handlung verwandeln und das Selbstbewusstsein entwickeln, Führung zu übernehmen. Im Bedürfnissystem Szondis entspricht dies den Radikalen (+ k) und (+ p). Sonst droht auch hier die Verdrängung zur Lähmung zu werden (– k).

Als Beispiele nennt Hutzler neben anderen Luke Skywalker in *Star Wars* (1977) und Neo in *The Matrix* (1999) (ebd.: 13f., 18). Beide verweigern zunächst die notwendige Entwicklung, um dann auf dem Höhepunkt der inneren und äußeren Krise zu erkennen, dass sie ihrer inneren Stimme und Bestimmung folgen müssen, um sich selbst und dadurch auch die Gemeinschaft zu retten. Ringen die Charaktere der *Power of Truth* mit den Gefahren des Kleinheitswahns, geht es hier darum, die du-bezogene Sorge um Mitmenschen in ein ich-bezogenes Sein zu verwandeln, also um die Entwicklung von (− p) zu (+ p).

Wir lieben diese überlebensgroßen Helden und identifizieren uns mit ihnen, weil dies den Kern unserer eigenen Existenz berührt. Alle Menschen, die geboren werden, sind Sieger, das lebendige Ergebnis der Liebe und Vereinigung ihrer Eltern. Und wir alle sind auf der Welt, weil wir eine unbewusste Vorstellung davon haben, was wir hier tun wollen. Den Sinn des Lebens zu finden bedeutet, in dem Drehbuch des eigenen Lebens zum Helden zu werden. Das Bestmögliche aus unseren Ahnenansprüchen zu machen und gleichzeitig die von dort drohenden Gefahren im Auge zu haben. Dies ist das Problem der Kirche: Sie hat ihre Bindungskraft verloren, weil es ihr heute nicht mehr gelingt, die Faszination der Schöpfung, die Einzigartigkeit unserer Existenz, zu vermitteln.

Die Schicksalsanalyse als (Lebens-)Dramaturgie

Wie wir gezeigt haben, lassen sich die *Emotional Toolbox* Laurie Hutzlers und das Bedürfnissystem der Schicksalsanalyse in Einklang bringen, was die Treffsicherheit und Wahrhaftigkeit dieser Modelle beweist. In beiden Fällen geht es um Bewusstmachung: Hutzler strebt nach der Entwicklung von Filmfiguren, welche eine wirkungsvolle Projektionsfläche für die Zuschauer darstellen. Die Schicksalsanalyse beschreibt die seelischen Kräfte, die in uns allen wohnen, damit wir sie steuern und nutzbar machen können. Hier sind wir wieder bei dem Anfang unserer Untersuchung, den psychologischen Prozessen, die sich im Kinosaal entfalten.

Wenn wir nach vorne schauen, wirft das neue Fragen auf: Was kann die Schicksalsanalyse aus der Filmdramaturgie für die klinische und therapeutische Arbeit lernen, wo es um die Entwicklung eines Lebensdrehbuchs geht? Hier ist eine gegenseitige Bereicherung möglich, die etwas Neues erschafft. Diese Idee wurde bereits 1950 von Jaromir Ljotský in seiner Untersuchung

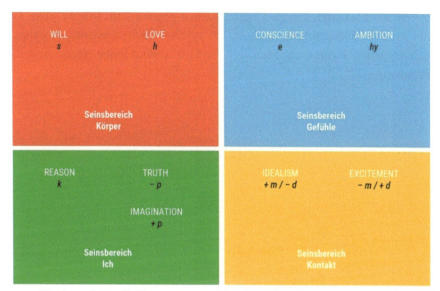

Abb. 4: Hutzler und Szondi: Figurentypen und Seinsbereiche.

Der Film als Experiment und Heilmethode formuliert, später dann von Wilhelm Salber aus morphologischer Sicht aufgegriffen. Zum Abschluss der Therapie schenkte er seinen Klienten ein Märchen, das ihren Konflikt sowie die erarbeiteten Lösungsstrategien noch einmal beispielhaft abbildete. 2021 hat Niklas Gebele mit *Märchen, Mythen, Netflix* seine Erfahrungen beim *Arbeiten mit populären Narrativen in der Psychotherapie* veröffentlicht.

Und auf der anderen Seite: Wie kann die Filmdramaturgie von den Erkenntnissen der Schicksalsanalyse profitieren? Da ihr Bedürfnissystem dynamisch und dialektisch angelegt ist – zwischen den Bedürfnisradikalen, den -faktoren und -vektoren – lässt es sich sehr gut auf die Struktur eines Drehbuchs anwenden. Denn auch hier geht es um den Widerspruch zweier Werte, den eine Figur lösen muss. Um innere und äußere Konflikte. Um bewusste und unbewusste Wahlen. Um ein vorangegangenes Trauma, das ein bestimmtes Verhaltensmuster auslöst, welches vor erneuter Verletzung schützen soll. Um einen bewussten *Want* und den dahinter stehenden, unbewussten *Need*. Da Szondi für jeden Faktor die Sozialisierung im Charakter und in der Berufswahl, Formen kultureller Sublimierung, aber auch mögliche Krankheitsformen beschreibt (vgl. 1972: 40–43), bietet sich sein Bedürfnissystem als Baukasten für die Drehbucharbeit geradezu an, sowohl wenn es um die Plastizität einzelner Figuren, die psychologische Dynamik zwischen verschiedenen Figuren als auch um die Entwicklung einer glaubwürdigen Handlung geht.

Abblende: Ein Epilog als Prolog

Indem wir mit Szondi im Kinosessel Platz genommen haben, wurde deutlich, was die Schicksalsanalyse zu den produktiven und reproduktiven Aspekten des Mediums Film beitragen kann: Nicht nur zu der Interpretation von Filmen, sondern auch zum Verständnis des Filmerlebens sowie des künstlerischen Schaffens der Filmemacher. Außerdem haben wir einen Weg beschrieben, das Beziehungsdreieck aus Künstler, Kunstwerk und Rezipient um den Aspekt der Kulturanalyse zu erweitern. Wir haben gesehen, dass das Kino, selbst in der Ausprägung von Fantasy-Spektakeln, wenig mit Ablenkung und Weltflucht zu tun hat, auch wenn es häufig in diesen Zusammenhang gebracht wurde. Eine solche Abwertung bezieht sich, genauso wie es viele Kritiker in ihren Rezensionen tun, lediglich auf den Inhalt von Filmen. Aber sie ist blind für einen tieferen Blick. Sowohl, was die kulturanalytische Dimension angeht: die unbewussten Denkmuster, welche in Filmen «sichtbar» werden. Aber auch in Bezug auf die seelische Dynamik, welche sich bereits beim Filmemachen und später während des Filmerlebens entfaltet. Es ist merkwürdig, dass der Vorwurf einer Weltflucht nicht gegen die Epoche des Poetischen Realismus in der deutschen Literatur erhoben wird. Denn als die Industrialisierung es nötig machte, dass die Menschen in großen Städten völlig neue Strukturierungs- und Abwehrmechanismen entwickelten, flohen die Schriftsteller mit ihren Romanen und Novellen in die Provinz oder den Historismus. Das Kino reagiert auf die Zumutungen seiner Entstehungszeit, indem es durch die Verbindung bisheriger Ausdrucksformen und Rezeptionsvorgänge eine heilende Kunst erschafft. Sie bietet keine «Erholungsregression», wie es Hans Martin Sutermeister für die darstellende Kunst, für Dichtung und Musik beschreibt (1944: 117), sondern hier entsteht die erstaunliche Kulturleistung, dass mit der Nachbildung des uterinen Schutzraums und der darin stattfindenden Partizipation zwei Entwicklungsphasen miteinander verbunden werden.

Die Schicksalsanalyse wird mit dem Blick Leopold Szondis auf Literatur geboren. Er stellt fest, dass das Werk Fjodor Dostojewskis immer wieder um Heilige und Mörder kreist. Szondi nimmt an, was später durch den Biografen Troyat bestätigt wird, dass der Autor die eigene Familiengeschichte auf seine Kunst projiziert. Sie ist also eine Auseinandersetzung mit dem Thema, wie es gelingen kann, Kain zu «abelisieren», die tötende Gesinnung in Ethik zu verwandeln. In Verbindung mit einem eigenen Ahnentraum und seinen Erfahrungen als Psychiater leitet Szondi hieraus die Theorie des familiären Unbewussten ab und stellt die Frage nach unseren unbewussten Wahlen in Beruf, Partnerschaft, Krankheit und Tod. Damit nimmt er die Erkenntnisse der Epigenetik vorweg, die sich heute – mehr als 80 Jahre später – anschickt, Biologie und Psychologie zu revolutionieren. Aus dem Kliniker wird schließlich der Kulturanalytiker, der sich mit Nationalsozialismus, Kommunismus und Kapitalismus auseinandersetzt. In seinen letzten Untersuchungen schließt sich der Kreis und Szondi befasst sich erneut mit der Frage, wie aus der antisozialen Kraft in uns Kultur entstehen kann. Diesmal tut er es aus einer psychohistorischen Perspektive, welche auf die Wurzeln unserer Selbsterzählung zurückblickt und gleichzeitig in die Zukunft schaut.

Dieses Buch will den Kulturteil der Schicksalsanalyse fortschreiben, der bereits in ihrer Geburtsstunde enthalten war und von Friedhelm Bellingroth zum ersten Mal auf das Medium Film angewendet wurde. Seitdem sind mehr als sechzig Jahre vergangen, in denen die Kybernetik ihren bis heute ungebrochenen Siegeszug angetreten hat mit dem Willen, das allgemeine Wohl zu sichern, indem das Menschliche als Störfaktor beseitigt wird. Denn das Gehirn – so heißt es – mache zu viele irrationale Fehler. Dem soll durch die Betonung von Rationalität und Messbarkeit entgegengetreten werden. Was seine Wurzeln in der Aufklärung hat und sich als ihre Vervollkommnung ausgibt, ist aber ein Rückschritt hinter die mosaische Befreiungstheologie, die den menschlichen Verstand ansprach. Die Kybernetik verspricht uns den Abschied von zerstörerischen Ideologien durch absolute, computergesteuerte Vernunft. Dabei ist sie nichts anderes als eine Wahnvorstellung, mit der wir uns selbst entkommen wollen. Doch wohin hat dieses Versprechen geführt? Uns fehlt heute eine positive Selbsterzählung, die darüber Auskunft gibt, wer wir sind. Als Ausgleichsbewegung greifen viele Menschen auf politische Ideologien oder religiösen Fanatismus sowie ihren jeweiligen Verschwörungswahn zurück. Eine andere Form der Selbst-Versicherung findet über den Konsum «fairer» Produkte statt und parfümiert die Macht durch Haben mit einem Hauch von Sein. Dies ist aber auch mit einem Stück Du-Bezogenheit verbunden, welches positiv stimmt, solange es nicht in einen paranoiden Wahn umkippt, der seinen Feind sucht.

An dieser Stelle soll deshalb kein Schlusswort stehen. Wir versprechen uns den Beginn einer radikal neuen Auseinandersetzung. Indem wir Film und Schicksalsanalyse zusammenbringen, verbinden wir die Hoffnung, dass sich beide Bereiche neugierig betrachten und zur gegenseitigen Weiterentwicklung anregen. Damit es uns gelingt, das Kino als Panorama des Unbewussten wahrzunehmen und ernst zu nehmen. Damit die Filmpsychoanalyse sich nicht darin *erschöpft*, Leinwandfiguren auf die Couch zu legen, sondern ihr Potenzial als Kulturanalyse *ausschöpft*. Und damit die Schicksalsanalyse ein neues Gebiet erschließt, zu dem Friedhelm Bellingroth, Henri Maldiney und Mathes Seidl die Türen geöffnet haben.

Literaturverzeichnis

Adorno, Theodor W. u. Max Horkheimer (1998)
Dialektik der Aufklärung. Philosophische Fragmente. Limitierte Sonderausgabe. Frankfurt am Main

Altenweger, Alois (2012)
«75 Jahre Schicksalsanalyse von Leopold Szondi». In: *á jour 49*. Zürich

Balint, Michael (2017 [1960])
Angstlust und Regression. Stuttgart. 9. Aufl.

Baudrillard, Jean (1992)
Transparenz des Bösen. Ein Essay über extreme Phänomene. Berlin
Ders. (1978)
Agonie des Realen. Berlin

Bellingroth, Friedhelm (1960)
«Faktorielle Gesichtsschemata im Szondi-Test als Reizschemata für faktorielle Antriebsgestimmtheiten». In: *Beiträge zur Diagnostik, Prognostik und Therapie des Schicksals. Szondiana III Nr. 45.* Bern
Ders. (1958)
Triebwirkung des Films auf Jugendliche. Einführung in die analytische Filmpsychologie auf Grund experimenteller Analysen kollektiver Triebprozesse im Filmerleben. Bern

Benn, Gottfried (1943)
«Verlorenes Ich». In: Bruno Hillebrand (Hg.) (1999): *Gottfried Benn. Gedichte in der Fassung der Erstdrucke.* Frankfurt am Main. 19. Aufl. S. 309f.

Bergengruen, Maximilian (2012)
«Etwas in Katharinas Augen. Zur biologischen Vorgeschichte in Storms ‹Aquis submersus›». In: M.B., Roland Borgards u. Johannes Lehmann (Hg.): *Die biologische Vorgeschichte des Menschen. Zu einem Schnittpunkt von Erzählordnung und Wissensformation.* Freiburg i. Br. S. 155–184

Ders. (2009)
«Der Weg allen Blutes. Vererbung in E.T.A. Hoffmanns ‹Die Elixiere des Teufels›». In: Bernd Auerochs u. a. (Hg.): *Einheit der Romantik? Zur Transformation frühromantischer Konzepte im 19. Jahrhundert.* Tübingen. S. 149–172

Berk, Hermann-Josef (2008)
«Faszination in Beton. Eine psychohistorische Skizze». In: Karola Frings u. Frank Möller (Hg.): *Zukunftsprojekt Westwall. Wege zu einem verantwortungsbewussten Umgang mit den Überresten der NS-Anlage.* Weilerswist. S. 37–45

Ders. (2007)
Zum Erwachen der Psychoanalyse. Der zweite Weg der Aufklärung. Bonn

Ders. (2005):
«Das Unbewusste in Zeit, Berechenbarkeit und Wahrscheinlichkeit». In: Deutsche Gesellschaft für Sozialanalytische Forschung (Hg.): *Pandemie. Zur Psychologie des Sicherheitswahns.* Köln

Ders. (2000)
«Die Sozialanalyse und das Zeitgemäße». In: Deutsche Gesellschaft für Sozialanalytische Forschung (Hg.): *Sachstand. Zur Theorie der Sozialanalyse.* Köln

Bion, Wilfred R. (2015 [1961])
Erfahrungen in Gruppen und andere Schriften. Stuttgart. 4. Aufl.

Blask, Falco (2002)
Jean Baudrillard zur Einführung. 2., erw. Aufl. Hamburg

Blothner, Dirk (2015)
«The ‹Poor Ego's› Adventures in Outer Space – Gravity by Alfonso Cuarón». In: *The International Journal of Psychoanalysis.* Volume 96. Issue 1. February 2015. S. 211–223

Ders. (2003)
Das geheime Drehbuch des Lebens. Kino als Spiegel der menschlichen Seele. Bergisch Gladbach

Ders. (1999)
Erlebniswelt Kino. Über die unbewußte Wirkung des Films. Bergisch Gladbach

Ders. (1993)
«Der Film als Kulturmedium». In: H. Fitzek u. A. Schulte (Hg.): *Wirklichkeit als Ereignis.* Band 1. Bonn

Ders. (1991):
«Gefährliche Liebschaften. Eine filmpsychologische Untersuchung». In: Herbert Fitzek, Michael Ley u. Armin Schulte (Hg.): *Zwischenschritte 2.* Gießen. S. 6–19

Borchert, Wolfgang (1962)
Die traurigen Geranien und andere Geschichten aus dem Nachlaß.
Hg. von Peter Rühmkorf. Reinbek

Brauerhoch, Annette (1996)
Die gute und die böse Mutter. Kino zwischen Melodrama und Horror. Marburg

Breakwell, Ian und Paul Hammond (1990)
Seeing in the Dark. A Compendium of Cinemagoing. London

Bürgi-Meyer, Karl (2000)
Leopold Szondi. Eine biographische Skizze. Zürich

Burgmer, Brigitte (1983)
Ausdrucksformen. Eine Studie zu den Szondi-Test-Personen. München

Campbell, Joseph (1994)
Die Kraft der Mythen. Bilder der Seele im Leben des Menschen. Zürich

Clagett, Thomas D. (2003)
William Friedkin. Films of Aberration, Obsession and Reality.
Los Angeles. 2., aktualisierte Aufl.

DeMause, Lloyd (2000)
Was ist Psychohistorie? Eine Grundlegung. Gießen

Dimendberg, Edward (2004)
Film Noir and the Spaces of Modernity. Cambridge

Dixon, Wheeler Winston (2006)
American Cinema of the 1940s. Themes and Variations. Oxford

Evertz, Klaus u. Ludwig Janus (2020 [2002])
Kunstanalyse. Ästhetische Erfahrung und frühe Lebenszeit. Heidelberg

Freud, Sigmund (2004 [1933])
«Warum Krieg?». In: Sigmund Freud (2004 [1994]): *Das Unbehagen in der Kultur.* 9., unveränderte Auflage. Frankfurt am Main. S. 165–177
Ders. (2004 [1930])
«Das Unbehagen in der Kultur». In: Sigmund Freud (2004 [1994]): *Das Unbehagen in der Kultur.* 9., unveränderte Auflage. Frankfurt am Main. S. 31–108

Ders. (1991 [1912])
Totem und Tabu: Einige Übereinstimmungen im Seelenleben der Wilden und der Neurotiker. Frankfurt am Main

Freud, Sigmund und Josef Breuer (2011 [1895])
Studien über Hysterie. Frankfurt am Main. 7. Aufl.

Friedkin, William (2014)
The Friedkin Connection. A Memoir. New York

Foucault, Michel (1981 [1973])
Archäologie des Wissens. Frankfurt am Main

Fründt, Bodo (1992 [1986])
Alfred Hitchcock und seine Filme. München. 4. Aufl.

Gabbard, Glen O. (2001)
Psychoanalysis and Film. London

Gebele, Niklas (2021)
Märchen, Mythen, Netflix. Zum Arbeiten mit populären Narrativen in der Psychotherapie. Gießen

Gerster, Georg (1956)
Eine Stunde mit ... Besuche in der Werkstatt des Wissens. Band I. Berlin

Hamburger, Andreas (2018)
Filmpsychoanalyse. Das Unbewusste im Kino – das Kino im Unbewussten. Gießen

Heiß, Robert (1956)
Allgemeine Tiefenpsychologie. Bern

Hermann, Imre (1936)
«Sich-Anklammern – Auf-Suche-Gehen». In: *Internationale Zeitschrift für Psychoanalyse.* Bd. 22, Heft 3. S. 349–370

Hoffmann, E. T. A. (1978 [1815])
Die Elixiere des Teufels. Frankfurt am Main

Horwarth, Alexander u. Gottfried Schlemmer (1991)
«Film und Stadt». In: Bernhard Perchinig u. Winfried Steiner (Hg.): *KAOS STADT. Möglichkeiten und Wirklichkeiten städtischer Kultur.* Wien. S. 198–215

Hutzler, Laurie (2009a)
The Power of Will. Creating Characters who are: Power Brokers. Gangsters. Masters of War. Santa Monica, CA
Dies. (2009b)
The Power of Love. Creating Characters who are: Care Givers. Supporters. Mentors. Santa Monica, CA
Dies. (2009c)
The Power of Idealism. Creating Characters who are: Coming of Age. Epic Heroes. Separated Lovers. Santa Monica, CA
Dies. (2009d)
The Power of Excitement. Creating Characters who are: Adventurers. Playboys. Party Girls. Santa Monica, CA
Dies. (2009e)
The Power of Ambition. Creating Characters who are: Eager Strivers. Popularity Seekers. Impostors. Santa Monica, CA
Dies. (2009f)
The Power of Conscience. Creating Characters who are: Moral Heroes. Lone Avengers. Justice Seekers. Santa Monica, CA
Dies. (2009 g)
The Power of Reason. Creating Characters who are: Experts. Scientists. Serial Killers. Santa Monica, CA
Dies. (2009 h)
The Power of Truth. Creating Characters who are: Detectives. Secret Keepers. Skeptics. Santa Monica, CA
Dies. (2009i)
The Power of Imagination. Creating Characters who are: Reluctant Heroes. Visionaries. Called to a Quest. Santa Monica, CA

Jacobs, Wilhelm (1960)
Moderne Dichtung. Zugang und Deutung. Gütersloh

Janus, Ludwig (2020)
«Psychodynamik der Mentalität der Helden in der Ilias». Dossenheim. Unveröfftl. Manuskript
Ders. (2008)
Menschheitsgeschichte als psychologischer Entwicklungsprozess. Heidelberg

Jüttner, Friedjung (2012)
Nimm dein Schicksal in die eigene Hand! Kleine Psychologie für ein besseres (Selbst-)Management. Zürich.

Kafka, Franz (1919)
«Auf der Galerie». In: Paul Raabe (Hg.) (1994): *Franz Kafka. Sämtliche Erzählungen.* Frankfurt am Main. S. 129

Kellermann, Ron (2018)
Das Storytelling-Handbuch. Professionelles Storytelling in Theorie und Praxis. Zürich.

Kleist, Heinrich von (1993 [1810])
«Michael Kohlhaas». In: Helmut Sembdner (Hg.): Heinrich von Kleist. Sämtliche Erzählungen und Anekdoten. München. 12. Aufl. S. 9–103

Kracauer, Siegfried (1999 [1947])
Von Caligari zu Hitler. Eine psychologische Geschichte des deutschen Films.
Frankfurt am Main. 4. Aufl.
Ders. (2015 [1960])
Theorie des Films. Die Errettung der äußeren Wirklichkeit. Frankfurt am Main. 9. Aufl.

Kronenberg, Béatrice (1998)
Die Schicksalsanalyse und die Lebensgeschichte ihres Begründers Leopold Szondi. Zürich. 1. Aufl.

Kürsteiner, Gerhard (2016)
Transzendenz. Bern

Kulcsar, Istvan S. (1966)
«Ich habe immer Angst gehabt. Test- und Untersuchungsbefunde zur Persönlichkeit Adolf Eichmanns». In: DER SPIEGEL 47/1966. Hamburg

Laszig, Parfen u. Gerhard Schneider (Hg.) (2008)
Film und Psychoanalyse: Kinofilme als kulturelle Symptome. Gießen

Lewin, Bertram D. (1946)
«Sleep, the Mouth and the Dream Screen». In: *Psychoanalytic Quarterly*, 15, (4). S. 419–34.

Lhotský, Jaromir (1950)
Der Film als Experiment und Heilmethode. Mit einem Beitrag «Vergleichspunkte zwischen Film und Traum» von Univ.-Professor Dr. Otto Pötzl, Wien. Wien

Maldiney, Henri (2017 [1985])
Art et existence. Paris. Nachdruck der 2. Aufl.

Mikunda, Christian (2002)
Kino spüren. Strategien der emotionalen Filmgestaltung. Wien

Münsterberg, Hugo (1916)
The Photoplay. A Psychological Study. New York

Panofsky, Erwin (1975 [1955])
«Ikonographie und Ikonologie. Eine Einführung in die Kunst der Renaissance». In: Ders.: *Sinn und Deutung in der bildenden Kunst.* Köln. S. 36–67

Pinthus, Kurt (Hg.) (2001 [1920])
Menschheitsdämmerung. Ein Dokument des Expressionismus. Hamburg. 31. Aufl.

Pomerance, Murray (2005)
American Cinema of the 1950s. Themes and Variations. Oxford

Postman, Neil (1999)
Die zweite Aufklärung. Vom 18. ins 21. Jahrhundert. Berlin
Ders. (1997 [1982])
Das Verschwinden der Kindheit. Frankfurt am Main.

Ruscha, Edward (1963)
Twentysix Gasoline Stations. Los Angeles
Ders. (1967)
Thirtyfour Parking Lots in Los Angeles. Los Angeles

Salber, Wilhelm (1994)
«Was wirkt»? In: Herbert Fitzek, Michael Ley u. Armin Schulte (Hg.): *Zwischenschritte 1.* Gießen
Ders. (1986)
Kunst – Psychologie – Behandlung. 2., völlig neu bearbeitete Auflage. Bonn

Schulte-Thoma, Friedgard (1995)
«Kriterien der poetischen Prosa. Literatur als Kunstwerk». Köln

Schumacher, Holger (2013)
BLEAK CITIES. Stadtbilder in den Filmen von William Friedkin. Köln

Ders. (2008)
Die Grauzone. Zur Problematik des Kunstbegriffs. Köln

Seidl, Mathes (2011)
Das Innenleben der Musik. Zürich

Simmel, Georg (1903)
«Soziologie des Raumes». In: Gustav Schmoller (Hg.): *Jahrbuch für Gesetzgebung, Verwaltung und Volkswirtschaft im Deutschen Reich.* 27. Jg. I. Band. Leipzig. S. 27–71

Spoto, Donald (1993 [1983])
Alfred Hitchcock. Die dunkle Seite des Genies. München
Ders. (1992 [1976])
The Art of Alfred Hitchcock. Fifty Years of His Motion Pictures. New York

Stadler, Ernst (1914)
«Abendschluss», «Der Aufbruch». In: Kurth Pinthus (Hg.) (2001 [1920]): *Menschheitsdämmerung. Ein Dokument des Expressionismus.* Hamburg. 31. Aufl. S. 80

Storm, Theodor (1996 [1877])
Aquis submersus. Stuttgart

Sutermeister, Hans Martin (1944)
Psychologie und Weltanschauung. Bern

Szondi, Leopold (1996 [1987])
Schicksalsanalyse. Wahl in Liebe, Freundschaft, Beruf, Krankheit und Tod. Unveränderter Nachdruck d. 4. Aufl. Basel
Ders. (1973)
Moses. Antwort auf Kain. Bern
Ders. (1972)
Lehrbuch der experimentellen Triebdiagnostik. Band I. Bern
Ders. (1969)
Kain. Gestalten des Bösen. Bern
Ders. (1956)
Ich-Analyse. Die Grundlage zur Vereinigung der Tiefenpsychologie. Bern

Taylor, Henry M. (2018)
Conspiracy! Theorie und Geschichte des Paranoiafilms. Marburg

Truffaut, François (1992 [1966])
Mr. Hitchcock, wie haben Sie das gemacht? München. 16. Aufl.

Vogt, Jürgen (2013)
«Tagträumer und Selbstzerstörer». In: Deutsche Gesellschaft für Sozialanalytische Forschung e. V. (Hg.): *Selbstausbeutung oder Beute machen. Die Schwierigkeit, ein selbstbestimmtes Leben zu führen.* Köln. S. 3–9
Ders. (2011)
«Was ist männlich, was ist weiblich?». In: Deutsche Gesellschaft für Sozialanalytische Forschung e. V. (Hg.): *Das Leben passiert, während man sich andere Pläne macht. Zwischen Grundmangel und Neubeginn.* Köln. S. 13–29
Ders. (2003a)
«Der Ursprung der Ethik und die Psychotherapie». Tagungsbeitrag für die 9. Rheinischen Allgemeinen Psychotherapietage. Bonn
Ders. (2003b)
«Der Ursprung der Religion und die Mickey Mouse». In: Deutsche Gesellschaft für Sozialanalytische Forschung (Hg.): *Der Islam: Bedrohung, Faszinosum oder Chance zur Selbstklärung?* Köln

Vogt, Jürgen u. Elena Vogt (2008)
«Deutsche Sprache und Kultur». In: Jürgen Junglas (Hg.): *Kultur der Therapie der Kulturen. Psychotherapie und Psychiatrie mit Migrationshintergrund. Beiträge zur Allgemeinen PSYCHOtherapie 6.* Bonn

Wirtz, Rolf-Arno (2011)
«Anmerkungen zum Geschlechtsunterschied». In: Deutsche Gesellschaft für Sozialanalytische Forschung (Hg.), *Das Leben passiert, während man sich andere Pläne macht. Zwischen Grundmangel und Neubeginn.* Köln, S. 30–34
Ders. (1998)
«Die Sexualität zwischen Fluch und Utopie. Von der abweichenden zur ausweichenden Sexualität». In: Deutsche Gesellschaft für Sozialanalytische Forschung e. V. (Hg.): *Landschaften der Sexualität.* Köln. S. 72–95

Wood, Robin (1991 [1989])
Hitchcock's Films Revisited. London

Zenklusen Müller, Monika (1997)
«Jenseits von Dur und Moll. Bemerkungen zu Szondis Theorie der Geschlechterverhältnisse». In: *szondiana, Zeitschrift für Tiefenpsychologie und Beiträge zur Schicksalsanalyse.* Ausg. 2/97. S. 6–29

Žižek, Slavoj (2002)
«Der Hitchcocksche Schnitt: Pornographie, Nostalgie, Montage». In: Slavoj Žižek u. a. (Hg): *Was Sie immer schon über Lacan wissen wollten und Hitchcock nie zu fragen wagten.* Frankfurt. S. 45–69

Abbildungsverzeichnis

Umschlagbild
IN SIEBEN TAGEN (2015)
Drehbuch u. Regie: Holger Schumacher
Kamera: Gil Ribeiro
Darsteller: Adrian Saidi
Produktion: Kunsthochschule für Medien Köln

Abb. 1
Szondi, Leopold (1972)
Lehrbuch der Experimentellen Triebdiagnostik, Bd. 2, Testband. Bern
Burgmer, Brigitte (1983)
Ausdrucksformen. Eine Studie zu den Szondi-Test-Personen. München.
S. 25 f.

Abb. 2
Szondi, Leopold (1972)
Lehrbuch der Experimentellen Triebdiagnostik, Bd. 2, Testband. Bern.
Burgmer, Brigitte (1983)
Ausdrucksformen. Eine Studie zu den Szondi-Test-Personen. München.
S. 23
Kren, Kurt (1960)
2/60 48 Köpfe aus dem Szondi-Test

Abb. 3
Szondi, Leopold (1972)
Lehrbuch der Experimentellen Triebdiagnostik, Bd. 1, Textband. Bern.
S. 38

Abb. 4
Schumacher, Holger (2021)

Register

Filmregister

Akte General, Die   46
Amadeus   23
American Beauty   54
American Psycho   121
All About Eve   44
All the President's Men   79
Arsenic and Old Lace (Arsen und Spitzenhäubchen)   7–9, 67–69, 72
Avatar   34
Avengers: Endgame   53
Awakenings   124

Back to the Future   73
Bad and the Beautiful, The   44
Basic Instinct   117
Big Sleep, The   49
Billy Elliot   72, 118
Black Swan   106, 109 f.
Blair Witch Project, The   80
Blue Valentine   103
Blowup   74
Breakfast Club, The   72
Breaking Bad   52
Bronx Tale, A   48, 115

Cadaveri Eccellenti   74
Cell, The   24, 26
Chinatown   125
Cinéastes de notre temps: Hitchcock et Ford, le loup et l'agneau   41 f.
Citizen Kane   71
Conan The Barbarian   117
Criss Cross   49
Crowd, The   24–26, 34

Dances With Wolves   35
Dangerous Liaisons   23, 62, 96 f., 99 ff., 115
Dark Passage   45
Death Wish   122
Der Staat gegen Fritz Bauer   46
Doctor Zhivago   119
Don't Look Now   80
Dr. Strangelove   123

Ewige Jude, Der   77

Fatal Attraction   113 f.
Fear and Loathing in Las Vegas   102
Festen   54
Fire Walk with Me   41
Four Ways to Say Farewell   66
French Connection, The   45 f., 98, 125
Fury   122

Godfather, The   72, 101 f., 115

Good Shepherd, The 125
Good Will Hunting 72, 107, 110
Gone with the Wind 119
Graduate, The 53, 72, 101 f.
Gravity 62, 81–87, 118
Grey's Anatomy 119
Groundhog Day 119 f.

Hostel 54
House of Cards 52

Im Labyrinbth des Schweigens 46
Invasion of the Body Snatchers 74
Irréversible 108

Jackie Brown 53, 101 f.
JFK 46, 74, 78 f., 124
John Ford et Alfred Hitchcock, le loup et l'agneau 42
Jud Süss 77

L. A. Confidential 125
Lady in the Lake 45
Little Caesar 117
Love 103

Man Who Shot Liberty Valance, The 87 f., 91–96, 120
Maltese Falcon, The 38
Marnie 108
Martyrs 54
Matrix, The 125
Memento 125
Mildred Pierce 43
Misery 117
Modern Times 25
Monk 123

Naked City, The 47 f.
Narcos 52

Nixon 46
North by Northwest 42

One Flew Over the Cuckoo's Nest 119
One Hour Photo 110
Out of the Past 49

Paranormal Activity 23, 26
Personal Journey with Martin Scorsese Through American Movies, A 27
Philadelphia Story 119
Pi 110
Possessed 117
Pretty Woman 70
Prince of the City 122
Psycho 35 f., 108, 113

Rashōmon 36
Requiem for a Dream 110
Rosemary's Baby 74

Saw 54
Scarface 115
Schindler's List 122
Sea Wolf, The 115
Sex and the City 117
Shield, The 117
Spartacus 42
Spider-Man 53
Spellbound 123
Star Wars 33, 90, 125
Suspicion 119
Sweet Smell of Success 121

Tabula Rasa 79 f.
To Live and Die in L. A. 46, 98
Todesspiel 46 f.
Truman Show, The 74
Two Lovers 103

U-Turn   79

Vertigo   117

Wall Street   70 ff.
Watership Down   56
We Own the Night   72

Wizard of Oz, The   23, 39 ff.

Yards, The   72

Z   74
2/60 48 Köpfe aus dem Szondi-Test   22, 65, 112

Personenregister

Adams, Richard 55
Adorno, Theodor W. 13, 54, 58
Affleck, Ben 107
Allen, Woody 125
Altenweger, Alois 7–9, 12, 17
Angleton, James Jesus 125
Antonioni, Michelangelo 74
Aronofsky, Darren 106, 110
Ashley-Cooper, Anthony 19 (1st Earl of Shaftesbury)

Bachelard, Gaston 94
Balint, Michael 74, 77
Bardot, Brigitte 113
Bates, Kathy 117
Baudrillard, Jean 47, 102
Bauer, Fritz 46
Bel Geddes, Barbara 117
Bellingroth, Friedhelm 12, 21, 26–28, 35 f., 38, 42, 61, 77 f., 113, 131
Benn, Gottfried 31
Bergengruen, Maximilian 69
Berk, Hermann-Josef 11, 14, 18–21, 55, 60 f.
Bernhardt, Curtis 117
Bernstein, Leonard 66
Bion, Wilfred R. 63
Bloch, Robert 113
Blothner, Dirk 53, 62, 81, 96 f., 100–102, 115
Borchert, Wolfgang 47 f.
Boorman, John 35 f.
Brando, Marlon 109
Brauerhoch, Annette 41
Breakwell, Ian 34
Breloer, Heinrich 46
Bringmann, Peter F. 12

Bronson, Charles 122
Brouillet, André 17
Bruno, Giordano 19
Bürgi-Meyer, Karl 12, 15
Burgmer, Brigitte 12, 21 f., 65, 75, 111 f.
Burton, Humphrey 66

Cameron, James 34
Campbell, Joseph 22, 95, 125
Capra, Frank 68 f.
Cassel, Vincent 109
Celibidache, Sergiu 66
Chaplin, Charles 25
Charcot, Jean-Martin 17
Close, Glenn 113
Cobain, Kurt 109
Coppola, Francis Ford 72
Costa-Gavras 74
Costner, Kevin 35
Crawford, Joan 42, 117
Cuarón, Alfonso 62, 81, 84, 86 f.
Cukor, George 119

Da Vinci, Leonardo 111
Damon, Matt 107
Danto, Arthur C. 64
Darwin, Charles 30, 50
Dassin, Jules 47
Daus, Alexander 12, 123
Daves, Delmer 45
DeMause, Lloyd 57
De Niro, Robert 116, 125
Dimendberg, Edward 54
Dixon, Wheeler Winston 54
Douglas, Kirk 42
Dostojewski, Fjodor 21, 130

Personenregister

Eichmann, Adolf   13 f.
Einstein, Albert   90
Egan, Eddie   46
Escher, M. C.   36
Evertz, Klaus   64

Ford, John   87 f., 91 f., 95 f., 120
Forman, Miloš   23, 119
Foucault, Michel   54
Frank, Hans   89
Frears, Stephen   23, 62, 96, 100 f.
Freud, Sigmund   15–18, 20, 30, 32 f., 58, 64, 68, 75, 82, 90, 97
Friedkin, William   24, 45 f., 98

Garland, Judy   39
Garrison, Jim   78
Gebele, Niklas   127
Gerster, Georg   17 f., 27, 33, 68
Goebbels, Joseph   77
Goethe, Johann Wolfgang   34, 90
Goll, Yvan   51
Grant, Cary   119
Gray, James   72

Hamburger, Andreas   37, 43, 63
Hamilton, Margaret   41
Hammond, Paul   34
Hedren, Tippi   108
Hegel, Georg Wilhelm Friedrich   54
Heiß, Robert   26
Hermann, Imre   83
Hitchcock, Alfred   35 f., 41–43, 47, 106, 108, 113, 119, 123
Hobbes, Thomas   91
Hoffmann, E. T. A.   34, 69
Holst, Gustav   97
Homer   57
Horkheimer, Max   13, 54, 58
Horwarth, Alexander   24, 26

Husserl, Edmund   32
Hugo, Victor   48
Huston, John   38
Hutzler, Laurie   22, 114–127

Idziak, Sławomir   106

Jacobs, Wilhelm   29
Janus, Ludwig   12, 52, 57–61
Jaynes, Julian   59
Jüttner, Friedjung   12, 70, 88
Jung, Carl Gustav   17, 68, 76

Kafka, Franz   43 f.
Kant, Immanuel   34
Kellermann, Ron   55, 91
Kennedy, John F.   46, 78 ff.
Kleist, Heinrich von   34, 44
König, René   63
Kracauer, Siegfried   22, 51 f.
Kren, Kurt   22, 65, 112
Kubrick, Stanley   123
Kürsteiner, Gerhard   12, 77
Kulcsar, Istvan   13
Kunis, Mila   109
Kurosawa, Akira   36

Labarthe, André S.   41 f.
Lamarck, Jean-Baptiste   50
Lang, Fritz   122
Lean, David   118
Lee, Sheryl   41
Lewin, Betram D.   37 f., 59
Lhotský, Jaromir   126
Lollobrigida, Gina   113
Lopez, Jennifer   26
Lumet, Sidney   122
Luther, Martin   19
Lynch, David   41, 125
Lyne, Adrian   114

Mackendrick, Alexander   121
Maebe, Robert   12
Maeder, Alphonse   39
Maeterlinck, Maurice   87
Mahler, Gustav   65 f.
Maldiney, Henri   21, 65, 131
Mann, Thomas   73
Mankiewicz, Joseph L.   44
Marc, Franz   51
Marshall, Gary   70
Marx, Karl   30
Meistermann-Seeger, Edeltrud   98
Mikunda, Christian   62
Minelli, Vincente   44
Montgomery, Robert   45
Münsterberg, Hugo   45
Murray, Bill   119

Nichols, Mike   53
Nicholson, Jack   119
Nixon, Richard M.   46
Noé, Gaspar   108
Nolan, Christopher   125

Pakula, Alan J.   79
Panofsky, Erwin   50
Peli, Oren   24, 26
Perkins, Anthony   113
Philby, Kim   125
Pinthus, Kurt   51
Polánsky, Roman   74
Pomerance, Murray   54
Portman, Adolf   59
Portman, Natalie   109
Postman, Neil   57, 95
Precht, Richard David   21

Ramis, Harold   119
Ranschburg, Pál   15
Ray, Nicholas   27

Reiner, Rob   117
Rettinger, Carl-Ludwig   12
Robinson, Edward G.   115
Roeg, Nicholas   80
Rosi, Francesco   74
Rousseau, Jean-Jacques   89
Ruscha, Ed   11

Salber, Wilhelm   62, 127
Schiller, Friedrich   31
Schindler, Oskar   122
Schlemmer, Gustav   24, 26
Schönberg, Arnold   55
Schopenhauer, Arthur   73
Schulte-Thoma, Friedgard   50
Scorsese, Martin   27
Seidl, Mathes   12, 21, 65, 67, 131
Shakespeare, William   119
Siegel, Don   74
Silberer, Herbert   39
Silva, Frank   41
Simmel, Georg   27 f.
Singh, Tarsem   24, 26
Siodmak, Robert   43
Spielberg, Steven   122
Spoto, Donald   108
Stadler, Ernst   25, 51
Stone, Oliver   46, 70 f., 74, 78 f., 124
Storm, Theodor   69
Sutermeister, Hans Martin   38, 129
Szondi, Leopold   8 f., 11, 13–18, 21 f., 27, 32 f., 38 f., 40, 54, 58, 60, 64 f., 67 f., 70, 73, 75 f., 83, 85, 88 f., 92–94, 96 f., 111, 114, 127, 129 f.
Szondi, Lili   15 f.

Tarantino, Quentin   53
Taylor, Henry   54, 74
Tolstoi, Leo   89
Troyat, Henri   130

Truffaut, François   35 f., 47
Trump, Donald   53

Van Sant, Gus   107
Vidor, King   24–26, 34
Vogler, Christopher   125
Vogt, Jürgen   11 f., 17, 37, 49, 52 f., 70, 82, 85, 90

Wagner, Richard   23, 27, 55

Wajda, Andrzej   106
Warner, Brian (*Marylin Manson*)   108
Weir, Peter   74
Williams, Robin   110
Winner, Michael   122
Wirtz, Rolf-Arno   12, 30, 43, 99–101, 103
Wood, Robin   108

Zemeckis, Robert   73
Žižek, Slavoj   49 f., 108

Sachregister

Abwehr   25, 32 f., 68, 108 f., 129
Affekt   60, 88, 92, 94, 106, 108, 113
Aggression   90, 92, 97–100, 109, 113
Ahnen
- Ahnenzwang   8
- Ahnenanspruch   18, 68, 71, 126
- Ahnenfiguren   39
- Ahnenfluch   69
- Ahnentraum   130

Angst   28, 39, 53 f., 57, 61, 90, 109
- Angstlust   26, 74
- Angststörung   88
- Dramaturgie   40 f., 74, 79 f., 114 f., 120, 122, 124
- Schutzmechanismus   110
- Urangst   24, 52, 54

Antike   29, 31, 34, 58
Aufklärung (Epoche)   18–21, 30, 54, 58, 87, 130
Auflösung (Film)   44, 106, 112
Ausdrucksform (Kunst)   21 ff., 26, 28, 31, 34, 50, 55, 60 f., 64 ff., 84, 93, 102, 109, 111 ff., 129

Begehren   99 ff., 108
Belletristik   28–31, 50 f., 57 ff.
Bild
- Abbild   53, 58, 62 f., 73 f., 81 f., 85, 90, 93
- Bilderleben   23
- Bildkomposition   62
- Bildvorstellung   18 f., 23, 26, 28, 35 f., 39–43, 47, 73, 76 f., 100 f.
- Erinnerungsbild   47
- Gefühlsbild   43
- Traumbild   siehe: Traum
- Wahnbild   21, 109

- Weltbild   28, 34, 50, 58, 63, 80

Bildende Kunst   22, 50 f., 57, 64, 111 f.
Bindung   9, 32, 54, 59, 82–86, 99, 103, 119
Blockbusterkino   24, 52 f.

Casting   22, 105, 111–114
Coming of Age   68, 71, 72 f., 118
CGI   50

Depressive, das   83 f., 118 f.
Dokumentarfilm   44–48
Dokudrama   46
Drama (Film)   24, 70, 73, 74, 83, 86 f., 114
Drama (Belletristik)   29, 34 f.
Dramaturgie   12, 36, 40, 46, 67, 91, 114–127
Dream Screen   siehe: Traum
Drehbuch   8, 22, 67, 105 f., 114–127
Drehbühne (des Seelischen)   40 f., 53, 111, 117
Dualunion   32 f., 37, 58, 60, 85
Dunkelheit   23, 27 f., 30, 34, 36, 42, 61, 82, 86, 87 f., 94

Egodiastole (Ich-Ausdehnung)   13 f., 75, 85
Egosystole (Ich-Eingrenzung)   13 f., 75, 85, 90
Emotion (Bewegtheit)   23, 42, 45 ff., 61 f., 66, 76, 102, 108
Emotional Toolbox (Hutzler)   114–127
Epigenetik   22, 130
Erzählung   9, 19, 22, 28, 42, 50, 55, 57, 64, 95 f., 106
- Erzählform   22, 79, 125

- Erzählstruktur 74
- Erzähltheorie 22, 50, 87
- Erzählweise 87, 120
- Filmerzählung 9, 36, 42, 44, 45–48, 50, 55, 62, 79, 103, 120
- Selbsterzählung 42, 57 f., 95 f., 130

Ethik 14, 77, 88–91, 92–96, 107, 121 f., 130

Experimentelle Triebdiagnostik siehe: Szondi-Test

Farbdramaturgie 41, 62, 98
Figurentypologie 22, 40, 62, 114–127
Film
- Filmerleben 22, 23–28, 33–48, 59, 62 ff., 65, 76–80, 96, 105, 117, 129
- Filmdeutung 9, 12, 22, 51–54, 61–64, 65–103
- Filmdrama 27, 42, 87
- Filmdramaturgie siehe: Dramaturgie
- Filmgeschichte 23 f., 28, 33–36, 53 f., 89
- Filmgenuss 24, 36, 38, 61
- Filmgestaltung 56, 62, 98
- Filminszenierung 11, 22, 24, 44 f., 47 f., 50, 78, 81, 105–114, 122
- Filmkritik 8, 24, 52, 108, 129
- Filmkunst 7–9, 22, 24, 43, 57, 129
- Filmproduktion 9, 22, 50, 62, 65, 105–127
- Filmpsychoanalyse 11, 22, 63, 105 f., 131
- Filmtheorie 21 f., 37 f., 63, 74, 108, 129
- Filmwirkung 21 f., 26 f., 35, 37, 43, 45, 56, 61 ff., 74, 77 ff., 82, 86, 97, 99, 105, 109, 126
- Filmwissenschaft 21 f., 74, 105, 129
- Metafilm 24, 36, 80, 109

Film noir 47, 49, 54, 74, 125
Fotografie 11, 28, 106, 111

Gangsterfilm 46, 72, 108, 113, 115
Gegenübertragung 23, 42 f.
Genre 22, 24, 46, 53 f., 67, 74, 89, 96, 105, 114, 118, 125
Geschichte
- Filmgeschichte siehe: Film
- Geschichtswissenschaft 15, 52, 54 f., 56–61
- Heilsgeschichte 52
- Herrschergeschichte 52
- Ideengeschichte 43, 50
- Kinogeschichte siehe: Kino
- Kulturgeschichte 49 f., 57
- Kunstgeschichte 31, 43, 49
- Literaturgeschichte 21 f., 28–31
- Menschheitsgeschichte 14
- Musikgeschichte siehe: Musik
- Philosophiegeschichte 31, 34
- Schöpfungsgeschichte 56
- Sozialgeschichte 52
- Weltgeschichte 15, 30, 92
- Wissenschaftsgeschichte 16
- Zeitgeschichte 47

Gestaltwandel 41, 54 ff., 62
Größenwahn siehe: Wahn
Gruppendynamik 23 f., 26 ff., 36, 61, 63

Haben und Sein 14, 70 f., 75–78, 85 f., 92, 131
Haptisches Kino 44
Heilige Schriften 18 ff., 28 f., 55, 89, 93, 95
Held
- Antiheld 74, 109
- Heldengeschichte 118, 126
- Heldenreise 22, 73, 91, 95
- Heldensage 29, 57 f.

- Superheld 24, 52 f.
Horrorfilm 64, 74, 89 f., 113
Hypnose 27, 36, 77
Hysterische, das 17 f., 68, 88, 91 f., 97, 107, 111, 120

Ich
- Ich-Analyse 13 ff., 17, 32, 35, 38, 85
- Ich-Ausdehnung siehe: Egodiastole
- Ich-Einengung siehe: Egosystole
- Ich-Trieb 8, 70 ff., 74–81, 84 ff., 108–111, 123–126
Ideologie 14, 20 f., 33, 36, 108, 130
Ikonologie 50
Ikonographie 111
Inflation (Ich) 14, 75 f., 85
Informatik 18, 20 f., 28, 54 f.
Introjektion 27, 37, 70 ff. 76, 78, 85, 101, 110

Journalismus 91, 120

Kadrage 44 f., 47, 112
Kain und Abel 7 f., 14 f., 67, 88 ff., 92–95, 107 f., 130
Katatonie 76, 125
Kindheit 28, 32, 37 f., 56–61, 70–73, 77, 85, 90
Kino
- Kinobesuch 24, 25 f., 62, 78
- Kinosaal 22 f., 26 f., 35, 42, 49, 61, 73, 76 f., 87, 109, 126
- Kino als Gemeinschaftserlebnis 23 f., 26 f., 61, 73, 77
- Kino als Kunstform 22, 24, 27, 28–37, 59, 105, 129, 131
- Kinogeschichte 28–37, 58, 65, 80
Klassik (Epoche) 34, 90
Kleinheitswahn siehe: Wahn
Kommunismus 14, 33, 130

Konflikt 24, 27, 40, 42, 46, 49 f., 53 f., 60–63, 70 f., 81, 83, 86, 102, 109, 115, 118, 121 f., 127
Kontakttrieb 81–87, 96, 118 ff.
Krise 22, 24, 32, 42, 73, 83, 108, 126
Kultur
- Kulturanalyse 12 f., 17–22, 54, 59, 61–64, 65, 105, 129 ff.
- Kulturforschung 49–64, 67
- Kulturgeschichte 14 f., 18–21, 28–31, 49 f., 57, 89
- Kulturpsychoanalyse 22, 33, 60
- Kulturtheorie 20, 34, 60, 88 f., 90, 94, 95
- Kulturwandel 53, 101
- Kulturwissenschaft 69
- Traditionelle Kulturen 28, 33, 56, 58
Kunstgeschichte siehe: Geschichte
Kybernetik 18, 20

Liebesfilm 54, 96–103, 114, 117 f.
Literaturgeschichte 21 f., 28–31
Lyrik 25, 29 ff., 51, 62 f.

Männliche, das 14, 82 f., 86, 96 ff., 100 f., 113, 117
Manische, das 76, 83 f., 119
Massenmedium 22, 28, 49, 63, 77
Method Acting 108
Mittelalter 29 f., 52, 58
Moderne (Epoche) 28–31, 36, 58
Moral 7, 14, 88, 91, 95, 107, 121
Morphologie 22, 53 f., 62, 81, 96, 102 f., 127
Moses 18 f., 29, 89, 93, 95
Motion (Bewegung) 42, 45, 61, 110
Musik
- Musikgeschichte 22, 23, 28, 56

- Musikpsychoanalyse 21, 65 f., 109, 129
Mythos 29, 35, 54, 56 f., 58, 89 ff., 95, 125

Nationalsozialismus 14 f., 52, 58, 80, 89, 130
Negation 76 f., 85
New Hollywood 74

Ontogenese (Individualentwicklung) 28, 32 f., 36, 58, 61, 85, 90
Oper 23, 27, 56

Paranoide, das 71, 75–77, 78 f., 110, 123, 125, 131
Paranoia (im Film) 54, 74–81
Partizipation 14, 27 f., 32 f., 35, 39, 48 f., 60, 85, 95, 125, 129
Phänomenologie 21, 32
Phylogenese (Stammesentwicklung) 28, 32 f., 35 f., 57 f., 61, 69, 73, 81, 89 f.
Poetischer Realismus 129
Projektion 13, 14, 19, 24, 26 ff., 30, 36 f., 42 f., 46 f., 57, 73, 75, 80, 89, 97, 101, 107–110., 122, 130
Propagandafilm 77
Psychiatrie 12 f., 17, 33, 68, 79, 130
Psychoanalyse 17 f., 20 f.,
Psychodrama 27, 42
Psychohistorie 14, 17, 21, 24, 28 f., 52–65, 67, 74, 89, 130
Psychologische Morphologie siehe: Morphologie
Psychose 22, 26, 28, 32, 35 f., 38, 41, 58, 61, 108–111, 117, 125
Psychotherapie 15, 20, 42 f., 82, 126

Quellsprache siehe: Sprache
Quelle (Historik) 52, 57, 64

Raum 23, 27, 60 f., 81–83
Realismus 44
Realität 24, 26, 37, 39 f., 43–48, 60, 74–77, 80, 109–111, 114
Realitätseffekt 44, 78
Regie 8, 22, 26 f., 36, 43, 45, 78 f., 89, 91, 95, 98, 106, 108, 112 f., 117
Religion 8, 18 ff., 28 ff., 32 f., 36, 50–53, 66, 76, 82, 89 f., 93
Romantik (Epoche) 30, 33 f., 58

Schauspiel 35, 67, 105, 106–114
Schnitt 44, 47, 49, 106
Scholastik 18, 20
Sein und Haben siehe: Haben und Sein
Seinsbereiche 67–103, 114–127
Sexualität 12, 54, 90, 96–103
Sozialistischer Realismus 14
Spannung 38, 76, 78 f., 96
Spielfilm 24, 27, 47
Sprache 65, 77, 113
- Ausgleichssprache 29
- Quellsprache 49
- Sprachentwicklung 58
- Symbolsprache 18, 68
- Symptomsprache 17, 68
- Wahlsprache 18, 68
Stellungnahme (des Seelischen) 13, 42, 70 ff., 76–79
Streaming 24, 49
Stummfilm 24, 35, 43, 50, 57
Sturm und Drang (Epoche) 90
Subjekt 20, 33, 36
Subjektivismus 30
Subjektivität 32, 45, 63, 100
Szondi-Institut 9, 12, 15
Szondi-Test 11, 13, 21, 76, 111

Theater 7 f., 28, 45, 106
Tiefenpsychologie 15–17, 51

Tonfilm 43, 50, 57
Trance 27, 35, 77
Traum 34, 106
- Ahnentraum siehe: Ahnen
- Traumbild 42
- Traumdeutung 15
- Traumfabrik 37 f.
- Traumtheorie 38 f.
- Traum und Film 24, 27, 34, 37–43, 77
- Dream Screen 37, 59
Trieb
- Anbindung 17, 75, 107, 110 f.
- Integration (der Triebe) 14, 77, 79, 90
- Triebbedürfnis 7, 17, 75, 78, 80 f., 83 ff., 88, 96 f., 110, 113 f., 117, 122
- Triebbefriedigung 7
- Triebdiagnostik siehe: Szondi-Test
- Triebdialektik 62, 70, 81, 83 ff., 88, 93, 97, 107, 115, 127
- Triebdisposition 8
- Triebdruck (Bedürfnisdruck) 9
- Triebfaktor (Bedürfnisfaktor) 65, 67, 70, 105, 111 ff., 114
- Triebkraft 21, 33, 97, 110 f.
- Triebradikal (Bedürfnisradikal) 70, 116, 123, 125 f.
- Triebschicksal 39
- Triebstörung 7
- Triebstruktur 7, 13
- Triebsublimierung 89 f., 93, 97
- Triebsystem (Bedürfnissystem) 7, 22, 62, 75, 114 f., 117, 125 f., 127
- Triebtheorie 16
- Triebvektor 70, 88, 114
- Triebwirkung 21, 65

Übertragung 23, 42, 78

Unbewusste, das 30, 75, 77, 79, 90, 100, 112
- familiäres Unbewusstes 7, 17, 67–73, 96, 117, 130
- filmisches Unbewusstes 22, 26 f., 40, 42, 44, 60, 87, 97, 110, 113, 127, 129, 131
- kollektives Unbewusstes 17, 22, 34, 49 f., 55, 58 ff., 63, 68
- persönliches Unbewusstes 17, 39, 68

Verdrängung 17, 18 ff., 32, 39 ff., 46, 71 f., 79 f., 83, 88, 92, 97, 101, 108 f., 125
Verfolgungswahn siehe: Wahn
(siehe auch: das Paranoide)
Verführung 77, 96–101, 117
Verschwörungstheorien 74, 79 ff., 125
Verwandlung 28, 35 f., 42, 49, 55
Vorstellung 19, 23, 28, 74, 77, 78, 80, 82, 85, 90, 109

Wahl
- Berufswahl 17, 68, 75, 127, 130
- Elternwahl 73
- Freundeswahl 17, 68
- Krankheitswahl 17, 68, 130
- Partnerwahl 8, 17, 68, 130
- Schicksalswahl 70 f.
- Todeswahl 17, 68, 130
- Unbewusste Wahlen 67 f., 126
- Wahlfreiheit 68
- Wahlhandlung 17, 111
- Wahlsprache siehe: Sprache
Wahn 8, 14, 32, 38 f., 76, 109 f., 131
- Allmachtwahn 8
- Größenwahn 8, 67, 71, 75, 117
- Kleinheitswahn 124 f.
- Machbarkeitswahn 21

- Verfolgungswahn 13, 71, 75, 78, 124
- Verschwörungswahn 130
- Wahnsinn 8, 69, 72, 80, 124 f.
- Wahnvorstellung 130

Wahrnehmung 23, 27 f., 32, 36 f., 41, 44 f., 62, 74, 76–79, 85, 108 f.

Weibliche, das 14, 82, 85 f., 97–101, 113 f., 117

Wirklichkeit 26 ff., 33, 38 f., 40, 43 f., 62, 74, 94, 110

Wirkungsanalyse 21 f., 27, 35, 37, 43, 56, 62 f., 65, 74, 77 f., 82, 86, 97, 99, 105, 112

Zeugung 53, 58, 73, 98, 101

Zivilisationsgesellschaft 14, 28, 36, 60

Das Signet des Schwabe Verlags
ist die Druckermarke der 1488 in
Basel gegründeten Offizin Petri,
des Ursprungs des heutigen Verlags-
hauses. Das Signet verweist auf
die Anfänge des Buchdrucks und
stammt aus dem Umkreis von
Hans Holbein. Es illustriert die
Bibelstelle Jeremia 23,29:
«Ist mein Wort nicht wie Feuer,
spricht der Herr, und wie ein
Hammer, der Felsen zerschmeisst?»